길 찾아 길 떠나다

인홍스님 일대기
길 찾아 길 떠나다

저자_ 박원자

1판 1쇄 발행_ 2007. 4. 12.
1판 7쇄 발행_ 2018. 2. 11.

발행처_ 김영사
발행인_ 고세규

등록번호_ 제406-2003-036호
등록일자_ 1979. 5. 17.

경기도 파주시 문발로 197(문발동) 우편번호 10881
마케팅부 031)955-3100, 편집부 031)955-3200, 팩스 031)955-3111

값은 뒤표지에 있습니다.
ISBN 978-89-349-2496-8 03220

홈페이지 www.gimmyoung.com   블로그 blog.naver.com/gybook
페이스북 facebook.com/gybooks 이메일 bestbook@gimmyoung.com

좋은 독자가 좋은 책을 만듭니다.
김영사는 독자 여러분의 의견에 항상 귀 기울이고 있습니다.

인홍 스님. 1996년 가을

석정 스님 그림

인홍 스님 일대기

길 찾아 길 떠나다

◉ 박원자 지음 ◉

김영사

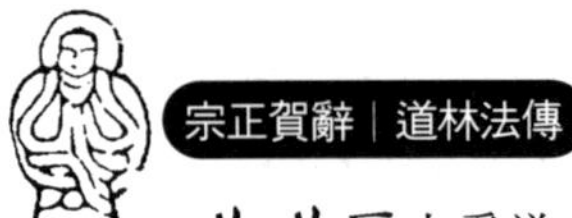

대애도大愛道 비구니가
해동에 다시 응현應現함이니

세존 당시 비구니 승가는 구담미(瞿曇彌) 비구니의 공력으로 완성됨이요, 중원 땅의 철마니(鐵磨尼)는 자호이종(子湖利蹤) 선사와 법을 겨루었도다.

요연니(了然尼)는 관계지한(灌溪智閑) 선사를 3년 동안 원주 소임을 자청토록 만들었고, 실제니(實際尼)는 구지(俱指) 선사를 분심(忿心)토록 하여 깨침을 얻게 하였도다.

해동의 인홍니(仁弘尼)는 태몽에 장군이 갑옷을 입고 백마를 타고 뛰어들었다고 하니 육조 혜능 선사께서 '남악 문하에 말 한 마리가 나와 천하 사람을 밟아죽일 것'이라는 마조도일(馬祖道一) 선사의 출현을 알리는 수기를 연상케 함이로다.

인홍니가 오대산에서 한암 선사를 만났고 봉암사에서 성철 선사를 친견한 것은 조계종조 도의명적(道義明寂) 국사가 당나라에 들어가 오대산을 참배한 후 남쪽으로 내려가 보단사(寶壇寺)에서 육조(六祖) 진영(眞影)을 참배함에 비견됨이로다.

마조 선사의 증법손(曾法孫)인 도의 국사가 신라 선종의 가지산문(迦智山門)을 열었는데 일천여 년이 지난 후에 인홍니가 가지산(迦智山) 석남사에서 다시 선문을 꽃피우니 수십 년의 결제 동안 2천여 명의 운수납자가 이 회상에서 정진하였고 333여 명의 은제자를 길러내니 석존 재세 시 대애도 비구니의 화현이로다.

성철 선사의 봉암사 결사정신을 성주사 비구니 결사로 이어
지게 하여 해동 비구니 승가의 수행전통과 위상을 다시금 정
립했으니 이부대중이 승가의 두 수레바퀴임을 넌지시 모두가
알게 하였도다.

〈증도가〉·《육조단경》, 백일법문을 수행의 지남(指南)으로
여겼고 예불과 〈능엄주〉 그리고 화두가 이륙시(二六時)에 끊어
지지 않더니 눈밝은 선지식의 정법안장으로 니문(尼門)의 동
량이 되었도다.

산승은 1951년 안정사 천제굴에서 처음 대면한 이래 50여
년 그 행적을 직간접으로 보고 들어왔고, 그 제자들이 스승께

서 열반한 지 10년 만에 행장을 정리한 후 한마디를 청해 오기
에 인홍사(仁弘師)의 공덕을 이렇게 기(記)하노라.

불기 2551(2007)년, 춘삼월에
조계종정 · 해인총림 방장
도림법전(道林法傳)

사람은 가고 없어도
그 삶의 자취만은 그대로 남아

사람은 가고 없어도 그 삶의 자취만은 그대로 남아, 뒷사람들에게 교훈과 그리움의 길을 열어 보이고 있다.

내가 인홍 스님을 처음 뵌 것은, 통도사에서 운허 스님을 모시고 불교사전 원고 일을 거들던 때였다. 4·19혁명이 일어나던 1960년 이른 봄이다.

운허 스님의 배려로 두 주일에 한 차례씩 따분한 원고정리의 일에서 놓여나 바람도 쏘일 겸 지척에 있는 석남사와 내원사를 번갈아 찾았었다. 그때 석남사는 인홍 스님이, 내원사는 수옥 스님이 대중을 거느리고 있었다.

우리는 출출한 김에 주로 칼국수 공양을 맛있게 들고 나서 그 날로 돌아오곤 하였다. 일행은 대여섯이었다.

지금 돌이켜보면, 내원사의 기억은 희미한데 석남사는 또렷이 남아 있다. 그 무렵은 어떤 절이나 여러 가지로 어려운 상황이었는데, 석남사도 퇴락한 법당과 요사 등 도량을 수리하느라 분주한 나날이었다. 그러면서도 대중들의 흐트러짐 없는 법다운 수행도량에 환희심이 일었다.

이때를 인연으로 일이 있을 때면 석남사를 비교적 자주 들르게 되었다. 그때마다 인홍 원장 스님의 청으로 젊은 스님들에게 중노릇에 대한 경책의 말을 전하기도 했었다. 이따금 나를 찾아와 입산 출가를 원하는 사람이 있으면, 그 사람됨을 보아가며 석남사로 소개해주었다.

남들은 스님의 엄격한 수행자의 모습을 두고 '가지산 호랑

이'라고들 했다는데, 내게는 인자한 어머니 상으로 각인되어
있다. 들를 때마다 이것저것 자상하게 챙겨주고 인편을 통해
서도 가끔 그 인자함을 전해주셨다.

　이 자리를 빌어 스님께 죄송한 말씀을 드려야겠다. 강원도
에서 인사왕래를 끊고 외떨어져 지내느라고 스님의 입적 소식
을 뒤늦게 들었다. 스님이 안 계신 석남사를 이제는 들를 일이
없겠구나 하면서 결례를 자책했다.
　스님이 우리 곁을 떠나가신 지 어느덧 10년이 되었다. 그러
나 스님의 투철하고 청정한 수행가풍이 후학들에게 그대로 이
어지는 동안, 스님의 모습은 40년 동안 가꾸어온 석남사 도량
곳곳에 여러 화신으로 현존하리라 믿는다.

끝으로 이 책을 이와 같이 알차게 엮어놓은 청신녀 박원자
님의 노고를 치하하면서 이만 줄인다.

을해년 동안거 해제절
법정(法頂)

차례

출가의 길에 들어서다

스님, 화두 성성하십니까?

가지산 산하가 동안거에 들어있던 1996년 음력 섣달 그믐날 아침, 법희(法希) 스님은 평소보다 조금 일찍 은사 인홍(仁弘) 스님의 방으로 가서 문안인사를 했다.

"스님! 화두 성성하십니까?"

상좌들의 인사는 늘 그렇게 한결같았다. 엄지손가락을 세우면 기분이 좋고 기력이 있는 날이었다. 상좌들은 결코 '어디 편찮으십니까?' 라고 묻지 않았다.
혹시라도 스승의 마음이 언짢을까 조심했던 것이다. 다른 때 같으면 엄지손가락을 세우면서 고개를 끄덕일 텐데, 그 날은 조용히 상좌를 바라보았다.

이제 많이 쇠약해진 인홍 스님이었다. 어느덧 구순(九旬)을 앞둔 나이였다. 가지산 호랑이로 불리던 엄하고 강한 모습은 순한 어린아이처럼 천진한 모습으로 바뀌어 제행무상(諸行無常)을 드러내고 있었다.

"생사가 둘이 아니니 몸과 마음이 편안할 때 떠나고 싶구나."

그 이야기를 듣고 심상치 않은 생각이 든 법희 스님은 석남사에서 함께 결제에 들어 수행을 하고 있던 도반 현묵(炫默)·법용(法涌)·불필(不必)·도문(道門) 스님, 그리고 주지 소임을 살고 있는 도혜(圡慧) 스님에게 연락을 했다. 급히 달려온 상좌들에게 인홍 스님이 편안한 얼굴로 일렀다.

"준비해라."

'오래 살았다. 이제 갈 때가 되지 않았는가.', 인홍 스님은 자신이 이제 세연이 다하고 있음을 느꼈다.
부처님의 제자 아난처럼 스승의 곁을 한시도 떠나지 않고 그림자처럼 은사를 모셨던 효상좌 법희 스님이 눈가에 물기를 머금은 채 스승에게 다가가 손을 잡고 말했다.

"스님! 오늘 하루 지나면 구순이 되시지 않습니까? 꽃피고 따뜻할 때 가세요."

인홍 스님은 법희 스님의 말에 묵묵한 채 방안으로 들어와 앉아 있는 상좌들을 바라보았다.

스무 살 전후 푸르른 나이에 입산 출가한 젊은 구도자들이 어느덧 이순(耳順)의 나이를 넘거나 가까이 하고 있었다. 나날이 쇠약해져 가는 스승을 배려해서, 건강을 묻는 대신 '화두가 성성적적한가.'를 물었던 상좌들이었다.

함께 정진하고 불사를 하면서 가지산 석남사를 지켰던 상좌들이었다. 공부를 하겠다면서 걸망을 메고 말없이 새벽에 사라지기도 했고, 선방으로 다니면서 정진하고 싶은 자신의 주장을 접은 채 묵묵히 석남사 불사며 대중 외호를 잘 해낸 헌신적인 상좌들을 인홍 스님은 오래 바라보았다.

수행 자세가 칼날보다 더 예리했고 '생사해탈'이라는 화두 하나 말고는 다른 어느 것 하나에도 곁눈질을 두지 않고 살아온 참수행자들 아니었던가.

　인홍 스님은 천천히 상좌들에게서 눈길을 거두며 유언처럼 말했다.

　"평상심이 도이다. 마음 그대로가 부처라. 옛 도인들은 졸리면 송곳으로 허벅지를 찌르고 바늘로 입을 끌어매어서 오로지 일체 만사를 다 버리고 영원불멸하는 자성을 밝힐 따름이었다. 도를 성취하기 위해서는 자나 깨나 죽을 힘을 다해서 정진해야 한다."

　상좌들은 묵묵히 듣고 있었으나 가슴엔 깊은 감사함과 슬픔 같은 것이 교차되고 있었다.

　도의 길에서 일평생 자신에게 말할 수 없이 엄격했고 후학들을 위해서 도량을 열고 교육의 길을 터 주었던 스승의 헌신과 자비를 어찌 잊을 수 있겠는가. 하늘과 사람 모두에게 사표가 될 만한 후학을 길러내는 데 혼신의 힘을 다하면서 바늘귀만큼도 빈틈없이 수행정진에 철저했던 스승이었다.

　깨달음에 대한 신념이 투철했고 일평생 변함없이 정진을 추구하고 실천했으며, 가람을 일으켜 대중을 이끌고 항상 시대를 앞서갔던 스승이었다.

석남사 도량이 정적에 든 듯 조용했다. 아무런 장식 없이 소박하고 정결한 방의 창호로 스며드는 겨울 햇살이 유난히 밝은 가운데 불필 스님이 담담히 물었다.

"스님께서 가신 뒤 저희들은 어떻게 해야 합니까?"

인홍 스님은 짧게 일렀다.

"화합해라. 대중이 화합해서 석남사를 잘 지켜라."

상좌들이 돌아가자 인홍 스님은 붓을 들었다.

삼세불조(三世佛祖) 가신 길을 나도 가야지.
구순생애(九旬生涯) 사바의 길 몽환(夢幻) 아님 없도다.
일엽편주(一葉片舟) 두둥실 떠나는 곳
공중(空中)에 둥근 달 밝을 뿐이네.

그랬다. 모두 한순간 꿈이었다.

그러나 끝없이 부처되기를 꿈꾸었던 한 생애가 아니었던가. 그것으로 충분히 아름다웠다. 인홍 스님은 조용히 붓을 놓았다.

그로부터 세 달 후인 1997년 음력 3월 8일, 인홍 스님은 조용히 깊은 적멸(寂滅)에 들었다. 자신이 떠나온 곳으로의 귀향이었다. 출가해서 쉰여섯 해, 석남사로 들어와 마흔 해가 되던 해였다.

한국불교의 근현대 역사를 온 몸으로 헤쳐오며 언제나 그 중심에 있었던 한 수행자의 삶이 대단원의 막을 내린 것이다. 이(理)와 사(事)에 걸림 없이 원융한 수행자로 한국 비구니의 출가정신과 정체성을 확립시킨 산중인이었고, 한평생 '생사 해탈 대자유인'의 길을 향했던 선객의 삶이었다.

한국불교 정화, 전국비구니회 초대총재 등 한국불교 역사의 한가운데 서서 역동적인 삶을 살아오면서도 선승(禪僧)의 모습을 한결같게 견지했던 수행자, 석남사 회상을 열어 '가지산 호랑이'라 불리며 후학들을 무섭게 경책했던 수행자, 한평생 청빈한 수행을 추구하고 가람을 세워 인간과 천상의 사표가

될 수행자 양성에 몸을 바쳤던 노비구니의 적멸은 장엄한 저
녁노을처럼 가지산을 물들였다. 아주 오랫동안.

출가, 오대산으로 들어오다

출가, 1941년 9월

인홍 스님은 1908년 7월 7일 경상북도 영일군 대송면 동촌리 901번지에서 월성(月城) 이공(李公) 종순(種淳)을 부친으로, 진양 하씨(河氏) 수이(水伊)를 모친으로 출생했다. 어머니가 갑옷을 입은 늠름한 장군이 큰 말을 타고 집에 들어오는 태몽을 꾸었다고 한다.

속명은 이동이(李東伊)로 삼남 이녀 가운데 차녀로 태어나 수산업을 하는 유복한 집안에서 성장했다.

인홍 스님이 오대산으로 들어온 것은 1941년 9월, 서른네 살일 때였다.

전생의 인연으로 출가를 결심한 스님은 세간의 인연을 훌훌 벗어 던지고 금강산으로 들어갈 생각을 했다. 당시 금강산엔 절경의 유점사(楡岾寺)·표훈사(表訓寺)·장안사(長安寺)·신계사(神溪寺)·건봉사(乾鳳寺)·마하연사(摩訶衍寺) 등과 수없이 많은 암자들이 있어 많은 고승들이 주석하고 그들을 따르는 납자들이 전국에서 모여들고 있던 곳이다.

불교에 대해서 잘 알고 있지는 못했으나 스님은 당시 금강산에 도인이 운집해 있다는 소문을 들은 터라 출가를 생각하자 곧 금강산을 떠올린 것이다.

스님은 살고 있던 삼척에서 강릉으로 왔다. 당시 금강산에 가려면 양양에서 기차를 타고 가던 시절이었다.

"금강산을 가려면 어디에서 차를 타고 가야합니까?"

강릉 한 길가에서 우연히 만난 할머니에게 길을 물었다. 손자를 데리고 바람을 쐬러 나왔던 할머니가 길을 묻는 이를 바라보았다. 눈매가 이지적이고 선명한 게 자신 있어 보이는 사람이었다.

"그 먼 금강산엔 왜 가려고 하시오?"

"입산하러 갑니다."

"여기서 금강산을 가려면 양양까지 버스를 타고 가서 그곳에서 기차를 타고 가야하는 아득한 길입니다. 그런데, 왜 하필 금강산으로 가려고 하시오?"

인연이었다. 길에서 우연히 만난 할머니는 뜻밖에 오대산에 주석하고 있는 도인 이야기를 들려주었다. '지금 오대산엔 한암(漢巖) 스님이라는 아주 큰 도인이 있고, 유명한 곳이며, 또 부처님 사리를 모신 적멸보궁이 있는데 뭐 하려고 그렇게 멀리 금강산까지 가려고 하느냐.'고 하는 것이었다. 스님은 귀가 솔깃해서 물었다.

"그럼 오대산엘 가려면 어디서 차를 타면 되지요?"

"지금은 늦어서 오늘 안에 들어갈 수가 없으니 안 됩니다. 날이 저물었으니까 우리 집에 가서 자고 첫 버스를 타시오. 진부라는 데 가서 내리면 거기서 오대산으로 들어가는 차가 있을 겁니다."

길을 물은 젊은 사람을 데리고 자신의 집으로 간 할머니는 신심이 깊은 불자였다. 할머니는 스님에게 깨끗한 방을 하나 내주고 재운 다음 아침까지 대접하고는 정류장까지 안내해주었다.

"한암 스님을 꼭 찾아뵙고 적멸보궁에도 참배하시오. 수도 잘 해서 큰 도인이 되시기 바랍니다."

전혀 생각지 않았던 인로왕보살은 그렇게 나타났다가 사라졌다. 인생에서 가정은 없다지만, 만약 그때 인홍 스님이 그 할머니를 만나 오대산의 도인 이야기를 듣지 않았다면, 애초의 계획대로 금강산으로 입산했을 것이다.

그러나 인연이었을까. 스님은 금강산에 근거지를 둔 법기암(法起庵) 문중이 되었고 출가 후 몇 년 뒤에 금강산 법기암에도 다녀왔으니 금강산과 무연하지 않은 삶이었다.

훗날 인홍 스님은 상좌 법희 스님(석남사 선원장)에게 출가 당시를 이렇게 회고했다.

"그 다음날 월정사로 갔다가 곧바로 한암 스님이 계신 상원사로 올라갔다. 한암 스님은 내게 '잘 왔다.'고 하시면서 '있어 보라.' 하시곤 방 하나를 내어주셨다. 며칠 있으면서 스님을 뵈니 그만 당장 머리를 깎고 싶은 심정이었다. 그래서 '저도 지금 당장 머리 깎을 수 있습니까?' 하고 여쭈었더니 '얼마간 시간이 흐른 뒤 머리를 깎아 준다.'고 하셨다.

불가의 제도나 법도에 대해서 문외한이었던 나는 '그럼, 저는 스님의 제자가 되겠습니다.' 라고 했다. 그러자 스님께서 '그런 법은 없다. 공부는 같은 공부를 하지만 비구니는 비구니를 은사로 두어야 한다.' 라고 하시고, 월정사 지장암에 계신

한 분을 정해줄 테니 그리로 가라.'고 하셨다.

나는 곧바로 월정사 산내 암자인 지장암으로 내려갔고, 정자(淨慈) 스님을 은사로 출가했다.

지장암에서의 생활이 시작되었다. 감자밭을 매려고 하는데, 호미자루 한 번 안 들어 보았으니 막연했다. 그러나 대중들 모두 일찍 절에 들어와서 많은 경험을 했는데, 나는 이제껏 모르고 살았으니 더 많이 일을 해야지 하고 욕심껏 일을 했다. 처음엔 다리가 붓고 아파서 고생을 했으나 곧 적응이 되었다.

나와 동갑인 본공(本空) 스님이 5년이나 먼저 와 있었다. 당시 주지는 이종욱(李鍾郁) 스님이었고, 영암 스님이 총무로 계셨다."

지장암으로 오다

지장암은 비구니 본공 스님에 의하여 1937년에 개원된 월정사 산내 암자였다. 당시 비구니 선원으로는 경허(鏡虛) 스님의 선법을 이은 만공(滿空) 스님의 영향으로 1916년 수덕사 견성암이 최초로 건립되었고, 1924년에 건립된 내장사 소림선원, 1927년에 건립된 동화사 부도암, 1928년에 건립된 직지사 서

전, 1931년에 건립된 대승사 윤필암, 그리고 지장암이 있었다.

인홍 스님이 출가하던 1940년대 당시 비구니들은 참선수행이 핵심이 되었던 교단의 흐름에 따라 거의 다 참선수행을 했고, 주로 수덕사의 만공 스님과 상원사의 한암 스님에게 지도를 받으면서 당호(堂號)와 법호(法號) 그리고 전법게(傳法偈)를 받았다.

이후 구하(九河)·동산(東山)·효봉(曉峯)·경봉(鏡峰)·전강(田岡)·향곡(香谷)·청담(靑潭)·성철(性徹) 스님 등 당대 선지식에게 선수행의 지도를 받았고, 그 선지식들은 비구니들의 수행에 있어 절대적 존재였다.

당시 선방에는 은사 정자 스님을 비롯해서 선원을 개설한 본공 스님 등 20여 명의 수행자들이 있었다. 노스님들을 비롯해서 삼, 사십대의 스님과 그 밑에 열일곱, 여덟의 어린 대중과 일곱 살짜리 행자도 있었다.

1940년대 당시 지장암은 'ㄱ' 자형 건물 하나만이 있었던 단출한 규모의 암자였다. 6칸의 인법당과 조그마한 지대방, 그리고 2칸짜리 살림방이 하나 있었다.

법당에서는 예불도 하고 참선도 하고 공양도 했으며, 지대방에선 노스님들이 참선하다가 휴식을 하기도 했고, 또 몸이 불편한 스님들이 쉬기도 했다.

인홍 스님과 도반이 된 본공 스님은 열아홉 살에 금강산 유점사 득도암에서 출가하여 수덕사 견성암 만공 스님 회상에서 6년간 수선(修禪) 안거하고 스물아홉 살에 만공 스님으로부터 본공이라는 법호를 받은 비구니 선객이었다.

만공 스님 회상에서 공부를 하던 본공 스님은 '북방의 한암 스님을 친견해보라.'는 만공 스님의 지시를 받고 1937년 초겨울, 한암 스님이 주석하고 있는 오대산 상원사로 와서 친견하고, 그 해 동안거를 마친 다음 오대산 지장암에 선방을 개설했던 것이다.

인홍 스님은 출가하고 4년 뒤 수덕사 견성암에서 두 번의 하안거를 나게 되는데, 이것은 만공 스님의 문하에 있었던 본공 스님의 영향으로 보인다. 인홍 스님과 본공 스님은 도반으로 의지하면서 지장암을 이끌어갔기 때문이다.

1943년도에 찍은 사진 한 장엔 만공 스님이 중간에 앉고 왼쪽으로 본공 스님, 오른쪽으로 인홍 스님이 앉아 있는 것을 볼 수 있는데, 출가해서 두 해 뒤 지장암에서의 스님의 위치가 어떠했는지 짐작하게 한다.

계를 받기 전까지 인홍 스님의 행자생활은 여느 행자들과

1943년 지장암에서. 인홍 스님의 출가 본사인 오대산 월정사 지장암은 당시 'ㄱ' 자형 건물 하나만이 있던 작은 암자였다. 6칸의 인법당과 조그마한 지대방, 2칸짜리 살림방이 함께 있었다. 앞줄 중앙이 만공 스님, 뒷줄 왼쪽에서 네 번째가 인홍 스님이다.

다름없었다.

지장암의 하루는 3시에 시작되어 저녁 9시에 잠자리에 드는 생활이었다. 그 사이 일을 하고 염불을 배우고 참선을 하는 시간을 가졌는데 일반 대중들은 아홉 시간 동안 참선정진을 하는 생활이었다.

겨울에 밭일이 없을 때는 온 대중이 똑같은 생활을 했으나, 농사철일 때는 입선(入禪)만 들여놓고는 밖으로 나가서 일을 했다. 운력 시간을 알리는 목탁소리가 들리면 나가서 하루 종일 일을 했다.

잿물을 받아 비누를 만들어서 빨래도 하고 세수도 하고 삭발도 했다. 세수 비누를 잊은 지 오래였다. 밖에 나가 구해온 헝겊 조각으로 옷을 기워 입었다. 조각을 많이 모아서 동방도 해 입었다.

지장암 뿐만 아니라 월정사 모든 스님들의 먹을거리와 입성은 다르지 않았다. 제대로 된 적삼을 얻어 입기 힘든 때여서 모두들 검은 조각, 붉은 조각을 대어 꿰매 입었는데 실밥이 드러나, 처음 출가한 사람들의 눈엔 '도인들은 저렇게 입어야 하나 보다.' 했을 정도였다.

그땐 신도들도 없었다. 마을도 생활이 궁핍해서 절에 시주

할 형편이 못되었다. 절로 들어오는 차도 없을 만큼 조용하기만 했다.

가끔 기도 중에 신도들이 쌀을 가져오면 다락에 올려놓고 조금씩 내어서 사시 마지에 올리고 내려서 잡곡밥에 섞어서 저녁에 노스님들에게 떠드리고는 했다.

쌀을 내주는 담당인 미감(米監)이 따로 있어서 대중 숫자에 맞추어서 쌀을 내주었다. 잡곡밥도 손님이라도 한둘이 오면 한두 숟가락 퍼내어야 했다.

부식은 주로 감자였다. 겨울엔 반찬이라곤 고춧가루가 없어 소금에 절인 김치 하나뿐이었다. 부식은 모두 제철에 나는 채소로 자급자족했으므로 늘 대중들이 나가서 밭농사를 지었다.

옥수수 잡곡밥에 일본인들이 기름을 짜고 남은 콩깻묵을 배급받아서 소금을 섞어 시래기국을 끓여먹었다. 옥수수와 감자마저 떨어질 때쯤이면, 장나무 잎사귀를 뜯어말려서 가루를 만들어 한 사람 당 몇 공기씩을 나눠주었다. 아침으로 그 가루를 시래기국에 몇 숟가락씩 타서 먹었다. 오대산은 논이 없고 밭뿐인 산중이었으므로 잡곡조차 모두 남쪽에서 가져오는 실정이었다.

인홍 스님은 어느새 일꾼이 되어 있었다. 어렸을 때 찬물에 머리를 한 번 감고 나도 드러누울 정도로 몸이 약했으나 일꾼처럼 밭농사를 짓고 나무를 해 들이는 것에 익숙해져 있었던 것이다. 대중과 함께 잘 자란 무를 한 지게씩 져 나르곤 했다.

결제 날이 되면 온 대중이 바리때를 짊어지고 상원사로 올라가 한암 스님의 법문을 듣고 대중공양을 함께 하기도 했던 행자시절이었다.

반 년 정도의 행자생활을 하고 나서 스님은 금강산 신계사 법기암에서 출가한 정자 스님을 은사로, 당대의 선지식 한암 스님을 계사로 하여 삭발을 하고 사미니계를 받았다. 1942년 음력 1월 15일, 비로소 정식으로 출가사문이 된 것이다.

당시 지장암은 오대산에 한암 선사라는 걸출한 도인이 있었으므로 모든 수행체계나 생활방식을 그의 가르침에 따르고 있었다.

출가의 첫 출발에서부터 한암 선사라는 대선지식을 만났다는 것은 수행에의 인연과 복이 평범하지 않음을 뜻한다. 걸출한 도인의 회상에서 첫 걸음부터 선(禪) 공부로 출발할 수 있었던 것은 아무나 누릴 수 없는 청복(淸福)이었다.

순치 황제의 〈출가시〉를 읽으며

일이 많았던 행자의 신분에서 벗어나 사미니가 된 인홍 스님은 새벽예불에서 여유 있게 이산혜연 (怡山慧然) 선사(禪師)의 〈발원문(發願文)〉을 읽을 수 있었다. 〈발원문〉은 구구절절 자신의 마음을 대변하고 있는 듯 했다.

새벽예불 때마다 〈발원문〉을 읽으면서 스님은 눈시울을 적시곤 했다.

'아이로서 출가하여 귀와 눈이 총명하고 말과 뜻이 진실하며 세상일에 물 안 들고 청정범행 닦고 닦아 서리 같이 엄한 계율 털끝인들 범하리까.'

이 부분에선 늘 가슴이 뻐근해지는 것이었다.

'아이로서 출가하여 수승한 이 길을 일찍 걸었으면 얼마나 좋았겠는가. 왜 그리 오랜 시간을 세간에 있었단 말인가.' 하는 회한 같은 것이 올라오곤 하는 것이었다.

훗날, 법당의 탁자 밑에 앉아 있는 어린 행자나 사미니들을 볼 때마다, '저 어린 아이들은 무슨 복이 많아서 저기에 앉아 있는가.' 라고 하면서 탄식했다고 하니, 출가의 길에 들어선 것을 얼마나 큰 복으로 여겼는지 알 수 있다.

중국의 순치(順治) 황제(皇帝)의 〈출가시(出家詩)〉 또한 스님의 심금을 울렸다.

순치 황제는 중국 청(淸)대의 성군으로 칭송을 받는 강희제(康熙帝)의 부황(父皇)으로서 노년에 황위를 아들인 강희제에게 넘기고 은밀히 출가하여 수행 정진하다가 입적하였다는 임금이다.

순치 황제는 황제의 지위를 버리고 출가해서 이렇게 노래했다.

곳곳이 총림이요, 쌓인 것이 밥이거니
대장부 어디 간들 밥 세 그릇 걱정하랴.
황금과 백옥만이 귀한 줄을 알지 마소.
가사 옷 얻어 입기 무엇보다 어려워라.

이 내 몸 중원 천하 임금 노릇하건마는
나라와 백성 걱정 마음 더욱 시끄러워
인간의 백 년 살이 삼만육천 날이란 것
풍진(風塵) 떠난 명산대찰 한 나절에 미칠 손가.

당초에 부질없는 한 생각으로
가사 장삼 벗어 치우고 곤룡포(袞龍袍)를 감게 됐네.
이 몸을 알고 보면 서천축 스님인데
무엇을 연연하여 제왕가(帝王家)에 떨어졌나.
　…

　인홍 스님은 출가해서 처음 순치 황제의 이 〈출가시〉를 접
하고 가슴에 서늘한 바람이 일어남을 느꼈다. 아름다운 노래
였다. 인간의 존엄을 찾은 대 긍정자의 노래요, 비로소 불성을
찾은 노래였다.

올 적에는 기쁘다고 갈 적에는 슬프다고 하니
헛되이 인간세계에 와서 윤회하고 가는 도다.
애당초 오지 않으면 갈 일조차 없으려니
기쁨이 없었는데 슬픔인들 있을 손가.

나날이 한가로움 내 스스로 알고 나니
이 풍진 세상 속의 온갖 고통 떠날 수 있네.
입으로 맛들임은 선열미(禪悅味)요,

몸 위에 입는 것은 누더기 한 벌 원이로다.

오호와 사해에 노니는 자유로운 객이 되어
부처님 도량 안에 마음대로 노닐세라.
세속을 떠나는 일 하기 쉽다 말하지 말라.
숙세에 쌓아 놓은 선근 없이 아니 된다네.

비로소 대자유와 생명을 회복한 자가 부른 기쁨의 노래였다.

십팔 년 지나간 일 자유라고는 없었도다.
강산을 빼앗으려 몇 번이나 싸웠던가.
내 이제 손을 털고 산 속으로 돌아가니
천만 가지 근심걱정 내 이제 아랑곳 할 것 없네.

스님은 이 〈출가시〉를 애송하며 인간의 존엄성을 회복하는 수승한 출가의 길을 축복했다. 부처님은 보장된 왕위를 버렸고, 저 순치 황제는 18년 동안 군림했던 왕위를 미련 없이 버리고 간 길이 출가 수행자의 길이 아니던가.

자신이 얼마나 이 길을 잘 선택했는지, 그리고 전생에 수없이 걸었을 이 길을 다시 찾은 것을 감사해했다.

인홍 스님은 지장암에 들어가서 오래지 않아 중심에 서게 되었다. 살림을 하고 공부를 하는 데 지도자 역할을 하게 된 것이다. 스님보다 5년 늦은 1946년, 스물한 살에 오대산 지장암으로 출가했던 뇌묵(雷默) 스님(월정사 육수암 선원장)의 증언을 들어보면, 스님이 얼마나 빠른 시간 안에 지장암에서 출중한 지도력을 드러냈는지 알 수 있다.

"내가 지장암에 갔을 때 인홍 노스님은 출가한 지 5년쯤 되는 것 같았다. 지금 주지에 해당하는 도감으로 계셨는데, 아주 젊고 인물도 좋으셨다. 마음의 폭도 크셨으므로 큰절인 월정사와도 의사소통이 잘 되었다. 사람들은 때로는 노스님을 '대포 스님'이라고도 불렀다.

내가 출가하러 갔을 때 마침 스님이 부산에 가시고 안 계셨다. 한 달 후에 오셨는데 보따리를 풀어보니 양말, 가위질할 때 베어내고 남은 조각이나 부스러기인 가윗밥, 빨랫비누 등이 들어 있었다. 지장암의 살림이 어려우니까 부산에 가서서 일용품들을 탁발해 오신 것 같았다. 스님은 우리들에게 빨래

비누 한 장씩을 나눠주면서 한 해 동안 쓰라고 하셨다.

우린 주로 밭농사를 짓고 살았다. 밭일 등 운력을 하면 항상 먼저 나가서 하셨다. 물품 하나가 생겨도 대중 위주로 하는 것을 보면서 어린 소견에도 '참, 그릇이 큰 분이구나.' 하고 느꼈다. 무엇을 탁발해 대중에게 나눠주는 일을 일상처럼 하고 사셨다. 인홍 스님 개인은 어떤 경우에도 없었다. 예불에 한 번 늦게 들어와도 공사에 부치면서 엄하게 가르치셨다.

아이들이 잘못한 일이 있으면 어른들이 장삼을 입고 공양하실 동안 정면에 부처님을 향해 무릎을 꿇고 앉아 있다가 공양이 끝나면 부처님께 삼 배하고 정면에 노스님께, 윗자리와 아랫자리에 한 번씩 절하고 탁자 밑에 앉아 있는 일곱 살짜리 행자에게도 절을 하게 할 만큼 엄중하게 하셨다.

스님은 한암 선사를 존경하고 사셨다. 한암 스님께서는 일생 오후불식(午後不食)을 하시고 쌀 한 톨은커녕 반 톨이라도 나가는 것을 용납하지 않으시는 등, 참으로 복을 아끼신 분이었다. 인홍 노스님도 '물자를 절약하는 것으로 복을 아껴야 한다.'는 한암 선사의 가르침을 철두철미하게 받아 지니셨다."

참선수행자의 길로

참선이란

군중을 놀라게 하고 대중을 동요시키는

별별 이상한 일이 아니라 다만 자기의 현전일념에서

흘러나오는 마음을 돌이켜 비추어

그 근원을 명백하게 요달하여

다시 바깥 경계를 대함에 부동함은 태산 반석과 같고,

청정하며 광대함은 태허공과 같아서

모든 인연법을 따르되 막힘도 걸림도 없어

종일 담소하되 담소하지 아니하고

종일 거래하되 거래하지 않아야 한다.

— 한암 선사(漢巖禪師, 1876~1951) —

'무(無)'자 화두

하루는 문원(文遠) 수좌가 개를 안고 와서는 조주(趙州) 스님에게 물었다.

"개에게도 불성이 있습니까?"

"없느니라."

이 말을 듣고 그 자리에서 문원 수좌가 도를 깨쳤다.

이로부터 천하의 납자(衲子)들이 모두, '조주가 무엇 때문에 개에게 불성이 없다고 하였는가? 라는 화두가 유행하게 되었다.

뒷날 다시 어느 스님이 조주 스님에게 물었다.

"개에게도 불성이 있습니까?"

"있느니라."

"있다면 어째서 가죽부대 속에 들어 있습니까?"

"그가 알면서도 일부러 범했기 때문이니라."

다시 어떤 스님이 물었다.

"개에게도 불성이 있습니까?"

"없느니라."

"일체중생이 모두 불성이 있다고 했는데 개는 어째서 '없다.'
고 합니까?"

"그에게 업식(業識)이 있기 때문이니라."

인홍 스님은 사미니계를 받고 한암 스님에게서 '무(無)' 자
화두를 받았다. 그리고 1942년 봄, 4월 15일 첫 안거에 들어
갔다.

선지자들은 말했다.

"오직 이 '무' 자의 선종(禪宗) 무문관(無門關)을 통과할 수
있다면, 그 사람은 직접 조주 스님을 뵙는 것이 될 뿐만 아니
라 역대 조사들과 손을 잡고 함께 가는 것이다. 이 관문을 투
과하려는 자는 360개의 골절과 팔만사천의 모공을 총동원하
여 자기 온몸을 하나의 의심덩어리로 만들어 '무' 자에만 집중
해야 한다.

밤도 낮도 오로지 이 '무' 자만 참구해야 할 것이다. 용맹정
진해야 한다. 수행이 익어지면 마음과 대상이 완전히 하나가
되는 상태가 나타날 것이다. 모든 기력을 다해 '무' 자에만 집

중해라. 그래서 끊임없이 멈추지 않고 정진하면 법의 초〔燭〕에 불이 저절로 붙어 환한 경지가 나타날 것이다.”

인홍 스님은 이 말에 전율이 일어남을 느꼈다.

이 관문을 투과하려는 자는 360개의 골절과 팔만사천의 모공을 총동원하여 자기 온몸을 하나의 의심덩어리로 만들어 ‘무’자에만 집중해야 한다는 것이었다. 참선의 길이란 화두 하나만 남기고 모든 것을 버려야 하는 무서운 길임이 느껴졌다.

안거 기간 지장암에서는 상원사와 똑같은 일정으로 참선 정진을 했다. 평소엔 하루 네 시간을 자면서 화두를 들었고, 해제 무렵 용맹정진 때는 밤을 꼬박 새우면서 화두 삼매에 들었다. 한암 스님의 수행과 덕이 오대산 대중에게 끼친 위력이었다. 인홍 스님은 대중들과 함께 온몸을 던져 첫 안거를 나고 있었다.

용맹정진을 하면서 화두를 어떻게 들어야 하는가에 대해 한암 스님은 이렇게 가르쳤다.

“다급하지도 느슨하지도 않은 그 가운데 오묘함이 있다. 부지런히 하면 집착에 가깝고 망각하면 무명에 떨어지게 된다.

천 갈래, 만 갈래 의심덩이는 다만 하나의 의심으로 고양이가 쥐를 잡듯이 암탉이 알을 품듯이 배고플 때 음식 생각하고 목마를 때 물 생각하듯이, 사량과 지해(知解)를 모두 놓아버리어 한 치의 풀포기도 돋아나지 않고 한 티끌도 두지 않고서 다만 범정(凡情)을 다하고 특별히 성해(聖解)도 없이 성성영영(惺惺靈靈)하고 면밀하고 면밀하여야 한다."

인홍 스님은 오랜만에 고향에 돌아온 것처럼 좌복 위가 편안했고 화두 들기가 어렵지 않았다. 다겁의 생을 수행자로 살아온 선험적 인연 때문이었을 것이다.

온 마음을 다해서 면밀하게 화두를 품었다. 참선 수행 중심의 지장암 분위기에 젖어들면서 스님의 내부에 잠재되어 있던 수행자로서의 기질이 서서히 열리기 시작했다. 스님은 참선의 핵심이 세상을 둘로 보지 않는 것이란 것을 직관했다. 생명 있는 모든 것, 우주에 존재하는 모든 것이 서로 연관 관계에 있으므로 한 생명이라는 것을 꿰뚫었던 것이다.

세상을 하나로 보는 중도, 연기, 법계연기. 그 아름다운 진리에 눈을 떠가고 있었다.

한암 스님은 '출가자의 본분은 일념으로 수행하여 대도를 성취하고 중생을 교화함에 그 목적을 두어야 한다.' 라고 가르치면서, '깨달음을 이루고 못 이룸은 자기에게 달렸다.' 고 설했다. 스님은 한암 스님의 법문을 듣고 지장암 선방에 앉아 도(道)가 지향하는 바를 깊이 사유했다.

12월 초하루부터 7일까지 용맹정진을 했고 정월 초하룻날엔 적멸보궁에 참배를 하고 나서 상원사의 한암 스님에게 세배를 하곤 했다.

오대산의 도인, 한암 선사

인홍 스님이 오대산에 들어간 1941년은 조선불교조계종이 탄생해서 초대종정으로 한암 스님이 추대되었던 해이다. 한암 스님의 나이 65세 때였다. 당시 덕숭산의 만공 스님과 오대산의 한암 스님이 산중을 외호하며 살고 있었다.

일제 치하에서 초근목피로 연명하던 시절, 본사 밑의 암자에 살면서 탁발해서 양식거리를 장만하고 살았던 수행 환경에서 비구니들을 끌어내어 대장부의 길로 가게 만든 것은 만공 스님과 한암 스님이었다.

한암 스님은 1926년, 봉은사 조실로 있다가 '천고에 자취를 감춘 학'이 되고자 발원한 뒤 오대산으로 들어와 15년 째 수행과 대중 외호를 하고 있던 도인이었다. 오대산의 학이 되어 동구 밖을 한 발자국도 나가지 않은 채, 밝은 선지(禪旨)와 높은 학문으로 그 시대의 정신적 지주 역할을 하고 있었다.

인홍 스님은 나라를 빼앗긴 비운의 시대에 살면서도 청정 율의와 실참 수행의 정진으로 선수행의 바른 길을 보이고 폭 넓은 사상을 수용했던 한암 스님을 진정으로 존경했다.

한암 스님은 스물네 살에 스승 경허 스님이 설하는 《금강경》을 들었다. 청암사 수도암에서였다.

무릇 형상 있는 모든 것은 허망하다.
만약 모든 상을 비상(非相)이라고 보면
곧 여래를 보게 되리라.

凡所有相皆是虛妄
若見諸相非相卽見如來

그 때의 심정을 한암 스님은 《금강경》〈여리실견분(如理實

見分)〉의 사구게(四句偈) 한 구절을 듣는 순간 안광(眼光)이 홀연히 열리면서 한눈에 우주 전체가 환히 들여다보이고, 듣고 보는 것이 모두 자기 자신이 아님이 없었다.' 라며, 경허 스님의 《금강경》 설법을 듣고 오도송을 읊었다.

다리 밑의 하늘이요 머리 위에 땅이니,
본래 안과 밖이 없고 또한 중간도 없는 것.
절름발이가 걷고 소경이 눈을 뜸이여,
북산은 말없이 남산을 마주 하네.

한암 스님은 여름과 겨울 해제 기간 중 언제나 대중에게 《금강경》을 설했다. 인홍 스님은 '존재하는 모든 것이 꿈이요 환영이요 물거품이요 그림자요, 잠시 생겼다가 사라지는 이슬과 같고 번개와 같다.' 는 《금강경》의 가르침에 전율했다. 살아보니 인생살이란 것이, 제가 죽을 줄 모르고 불꽃에 날아드는 나방과 같은 것이었다.

인홍 스님은 《금강경》 법문을 듣고 나서 이렇게 자신의 심경을 노래했다.

세간에 영화롭고 욕되는 일들

알고 보니 거품이요 몽환(夢幻)이로다.

오늘날 법문 듣고 모두 잊으니

천지가 내 것이요 광명뿐일세.

훗날 스님은 오대산 상원사에서 출가한 한 후학에게 이렇게 말했다고 한다.

"한 사십여 명이 상원사에서 살았는데, 방이 좁아서 비구 스님들이 칼잠을 자듯 했다. 그 어려운 가운데 선방을 운영하시면서 철저하게 계율을 지키고 수행하시던 한암 스님을 평생 잊지 못한다."

"적게 먹고 강력하게 정진하라"

오대산 산허리 여기저기에 산딸기가 한창이던 초여름, 인홍 스님은 이제 막 삭발을 한 행자 진관(眞觀)을 데리고 상원사로 올라가고 있었다.

서울에 있는 선학원에 다니면서 신심을 다지던 행자는 선학원에 다니러갔던 인홍 스님을 만났는데, '나는 오대산에 있는 중인데 오대산에 한 번 오면 도인 스님을 친견할 수 있다.'라 고 했던 말을 기억하고 도인을 만나기 위해 내려왔던 것이다.

스님은 자신을 찾아온 이십대 초반의 예비출가자에게서 담 백한 성품을 읽었다. 맑은 눈을 바라보면서 출가를 시켰으면 하는 생각이 들었다.

"기왕이면 삭발하고 한암 스님을 뵈면 좋지 않겠는가?"

출가할 생각보다는, 도인 스님을 친견할 생각으로 오대산을 찾은 것이었으나, 불연이 깊어서인지 자연스럽게 삭발하고 인 홍 스님을 은사로 출가했다. 삭발하고 나니 행중의 모습은 없 고 묵은 중의 모습이 역력한 상좌였다.

상좌를 앞세우고 스님은 상원사로 향했다. 지장암에서 두어 시간의 거리였다. 언제 걸어도 평화롭고 든든한 길이었다.

며칠 전 비가 오더니 계곡 물이 많이 불어 있었다. 산 위에 서 계곡으로 흘러 내려오는 맑은 물을 바라보면서 스님은 생 각했다.

'아래로 아래로 흘러야 강으로, 바다로 흘러 들어가는 것처 럼, 수행자의 삶도 저와 같을 것이다. 자신을 낮추고 낮추어 더 이상 낮출 것이 없을 때야 비로소 보살이 되고 부처가 될

것이다.'

출가한 지 십여 년 대중과 함께 살면서 스님은 수행자의 자세는 언제나 하심(下心), 나를 비워 마음을 낮춘 데에 있어야 함을 절감하고 있었다. '나'라는 불씨가 한 점도 없어야 대중 생활이 원활하고, 승가를 존재하게 하는 힘이 되며 나아가 성불도 가능한 것이었다.

길을 걸으면서 스님이 조용히 따라오고 있는 상좌에게 말했다.

"사람은 말이다. 음식을 먹고 배가 불러서 건강한 게 아니야. 정신이 건강하면 천지가 무너져도 끄떡없는 거란다. 너는 앞으로 천지가 무너져도 끄떡없는 그 자리를 찾아야 하는 것이다. 알겠느냐?"

어느 해인가 몇몇 대중과 함께 인홍 스님이 적멸보궁으로 올라가는데 옆에서 부스럭거리는 소리가 들렸다. 돌아보니 한암 스님이었다. 가을 단풍이 들었을 때 오대산 나무 밑에선 황금빛이 나곤 했다. 한암 스님은 그 단풍든 나무 아래서 정진하고 있었다. 주장자를 한 손에 짚고 황금빛이 나는 숲속의 나무 밑에 앉아 있었던 선지식의 모습은 그대로 불보살의 모습이었다.

상원사에 올라가니 한암 스님은 마루에 앉아 버섯을 다듬고 있었다. 절에서 일하는 사람이 산에 올라가 뜯어온 표고버섯이며 노름바래기, 석이버섯을 분류하고 다듬어서 후원으로 들여가게 할 것이었다.

표고 뿌리를 잘 다듬어서 책상 밑 종이 위에 널어놓은 한암 스님은 두 사람의 인사를 받았다. 언제나 평온하고 자애로운 얼굴이었다. 준비해온 떡을 내놓자 조금 떼어 들더니 시자를 불렀다.

"이것을 가져다가 대중들에게 공양시켜라."

한암 스님의 대중 외호의 모습은 늘 그러했다. 수행으로 대중을 이끄는 것만이 아니었다. 어떠한 것도 함께 나누는 모습은 인홍 스님에게도 큰 교훈이 되곤 했다.

노수행자는 이제 막 머리를 삭발하고 자신에게 삼 배를 올리는 행자를 바라보았다.

"시력이 좋지 않은 것 같구나. 안경을 쓰지 그러니?"

어린 사람이 안경을 쓰면 혹시나 어른에게 실례가 될까봐 안경을 벗고 인사를 하러온 참이었는데, 그걸 한암 스님이 눈치 챈 것이었다.

행자가 공손히 대답했다.

"인사를 드리려고 안경을 벗어 놓고 왔습니다."

"그랬구나. 괜찮다. 내려가서 안경을 쓰려무나."

한암 스님은 인홍 스님을 바라보면서 일렀다.

"안경을 씌우세요. 안경을 쓰던 사람을 왜 안경을 벗게 하십니까?"

한암 스님은 그렇듯 자상하고 사려 깊은 수행자였다. 한암 스님이 이제 막 출가를 시도한 어린 구도자를 바라보면서 이야기했다.

"화롯불을 다 꺼뜨려 재만 남아 있는 것 같아도 재를 헤쳐 보면 불씨가 아주 조금 남아 있는 것을 볼 수 있다. 중노릇이란 그 아주 미세하게 남은 불씨마저 다 없애버려야 할 수 있다. 조금이라도 불씨가 남아 있으면 수행자의 길을 갈 수가 없단다."

이제 막 출가의 걸음을 시작한 행자는 탐·진·치 번뇌의 불씨를 수행으로 인해 소멸시켜야 하는 것이 수행자의 길이라는 의미를 새겨듣고 있었다. 그러면서 행자는 말을 할 때마다 '딱딱' 소리가 나는 도인을 바라보았다. '왜 저런 소리가 날까. 아, 도인 스님들은 말씀을 하실 때 치아에서 '딱딱' 거리는 소리가 나는구나.' 하고 생각했다.

행자인 진관은 첫 만남에서 그토록 뵙고 싶어 머릴 깎았던 도인의 말을 평생 화두처럼 간직했다. 불씨를 하나도 남김없이 없앤다는 것이 얼마나 어려운 일인가를 살면서 절실히 느꼈음은 물론, 수행자는 탐·진·치, 그리고 '나'라는 불씨를 남김없이 태워버려야 어떤 경계에 부닥쳤을 때에도 마음이 움직이지 않는다는 것을 출가의 길을 걸으면서 뼈저리게 실감했던 것이다.

인홍 스님은 곁에서 어린 후학에게도 한없이 자상하고 자애로운 선지식의 모습을 바라보았다. '사람을 평등하게 대한다는 게 저런 모습이로구나.' 하고 생각하면서 사람을 대하는 태도를 배웠다.

'사문은 무심을 얻은 사람.'

한암 스님이 바로 그런 사문이었다. 옳고 그르고 좋고 나쁘고, 훌륭하고 훌륭하지 아니하고, 길고 짧고, 어리고 나이 많고 한 그런 분별이 없어 보였다.

한암 스님은 또 검박함으로 대중을 가르쳤다. 한암 스님만큼 복을 아끼는 사람은 오대산에 없었다.

군인들이 올라와서 도시락을 먹고는 빈 도시락을 수각에 씻으면서 밥풀을 흘리고 가자, 한암 스님은 손수 밥풀을 주워서 바가지에 담아 밥풀을 흐르는 물에 씻었다. 그리고는 그들이 보는 앞에서 그 밥을 먹었다. 그 모습을 보고 함께 사는 대중들은 물질을 아꼈고, 군인들은 다시는 그런 일을 하지 않았다. 그러한 일을 누구에게 시키지 않았고 말없이 스스로 했던 수행자였다. 다만 한 마디만 일렀을 뿐이었다.

"농부의 피땀하고 결합하면 쌀 한 알의 무게가 일곱 근이다."

한암 스님은 '복이란 베푸는 데서 오는 것뿐만 아니라 아끼는 데서 오는 것'임을 알게 한 수행자였다. 후학들에게 '적게 먹고 강력하게 정진해야 한다.'라고 경책했고 '겸손과 관용, 검소 세 가지를 자훈(自訓)으로 삼으라.'고 가르쳤으니, 그 세 가지가 인간을 완성시키는 덕목이라고 여겼기 때문일 것이다.

그러한 노수행자의 모습은 후학들이 출가 수행자의 길을 가는 데 물자 절약과 인과에 대한 지침이 되었다. 인홍 스님에게도 마찬가지였다. 훗날, 스님이 석남사에서 회상을 만들어 대중들과 살면서 대중에게 이르고 또 이른 말이 있었다.

"복을 아껴라."

"흐르는 물도 아껴 쓰라."

한암 스님에게서 받은 크고 깊은 교훈이었다.

출가사문의 본분사를 '선(禪), 염불(念佛), 간경(看經), 의식(儀式), 수호가람(守護伽藍)'의 내용으로 해서 5대 강목으로 수립했던 한암 스님은 선수행을 제일칙으로 하였으나 승려의 본분사를 선수행만으로 한정하지 않은 수행자였다.

인홍 스님은 지장암으로 출가하러 오면 행자들을 데리고 한암 스님에게로 가서 이름을 받고 계를 받게 했다.

'쌀이 귀해서 구경도 잘 하지 못할 때 어렵게 시주 들어온 찹쌀로 밥을 지어 가지고는 동대로 올라가 찹쌀 마지를 올리고는 상원사로 내려와 한암 스님 앞에 참배를 드리고 호를 받게 하고, 며칠 후에 올라가 오계(五戒)를 받고 화두를 받게 했다.'고 상좌들은 당시를 회고한다.

1940년대 후반, 지장암에서 인홍 스님을 은사로 출가한 상좌 진관 스님은 당시를 이렇게 회고했다.

"한 해쯤 스님과 함께 지장암에서 살았는데, 스님은 '잠자지 말고 참선 공부 많이 해라. 먹는 데 팔리지 말고 공부해라.', 그런 말씀을 자주 하셨다.

하루는 선방에서 베개를 베고 자는데, '새 중이 베개를 베고

자나?’ 하시면서 베개를 잡아당기고 목침을 밀어주셨던 기억이 난다.

고춧가루도 귀해서 소금에 절인 김치만 먹고 살던 시절, 한암 스님께선 궁에서 나온 상궁들이 비단으로 만든 방석을 가져다 드렸으나 한 번도 그것을 사용하는 일은 없으셨다. 반찬도 세 가지 이상 놓지 못하게 하셨던 분이다. 그만큼 한암 스님께서 검박하셨으니 인홍 스님을 비롯한 지장암 대중들의 절약생활은 말할 것도 없었다.

대중은 김치에 아침저녁으로 좁쌀로 쑨 죽을 한 그릇씩 먹고 살았다. 그래도 안거에 들어 열심히 공부했고 초하루부터 이렛날까지 밤을 새우면서 용맹정진을 하곤 했다.

지장암 선방에서 참선을 하고 매월 초하루와 보름이 되면 대중 모두 한암 스님의 법문을 듣기 위해 상원사로 올라가곤 했다. 정월 초하루 설날이 되면, 맨 앞에 큰절 주지 스님이 서고 가운데는 대중 스님들이, 그리고 맨 뒤에는 영암 스님이 서서 눈길을 걸으며 적멸보궁에 참배하고 한암 스님께 인사를 드리고 내려왔다.

우리 노장님(인홍 스님)은 정진도 많이 하셨지만 큰 일꾼이기도 했다. 마음을 쓰시는 것이 장부이셨던 분이다. 오대산에

서 스님을 뵈었을 때도 그랬고 평생 그 마음이 한결같았던 분
이다."

지장암을 개혁하다

인홍 스님이 한평생 견지했던 후학들에 대한 교육철학은
'하늘과 사람에게 사표가 되는 수행자를 길러낸다.'는 것이었
다. 이는 오대산 지장암 시절부터 시작되었다. 사미니계를 받
고 곧 지장암에서 지도자의 자질을 드러내며 중심에 섰던 그
시기부터 스님은 아랫사람들의 게으름을 용납하지 않았다.

인홍 스님의 성격은 바르고 곧았으며 엄격했다. 잔정을 드
러내지 않았고 혹독하다 싶을 만큼 원칙을 중시했다.

봄이나 여름철엔 참선정진보다는 일이 많았다. 하루 종일
밭일이며 후원 일을 하고 염불을 배우다가 고단해서 일찍 잠
자리에 들면 그냥 지나치는 법이 없었다. 정랑에 볼일을 보러
나왔다가 혹시 방에 불이 꺼져있으면 문을 열고는 잠든 대중
에게 야단을 치곤했다.

"이놈들! 염불 안 배우고 자는 거냐?"

후학들이 공부하지 않는 것에 대한 안타까움은 일평생 한결

해마다 푸른 납자들이 모여 정진하고 있는 현재 지장암 입구 전경이다. 한국전쟁으로 인해 전소되었던 지장암은 그후 뒤에 남은 대중들이 꾸준히 불사를 해서 1980년도에 지금의 기린선원이 준공되었다. 사진 김민숙

같았다. 게으름과 불성실, 신심의 부족함에 대해선 가차 없이 불호령을 내렸던 것이다.

스님은 지장암의 소극적 운영을 변화시켰다. 월정사에 의존하던 모든 것을 하나하나 독립해나가기 시작했던 것이다. 밭을 일궈서 채소를 자급자족했고 일상적으로 필요한 물건을 밖으로 나가 탁발해서 보충했다.

그때 함께 있었던 대중들은 스님을 '규칙을 지키는 것이 분명하고 가름이 매서운 사람', '난 사람', '장부'로 기억했다. 훗날 한암 스님의 상좌 탄허 스님은 인홍 스님의 상좌들에게 '그대들의 스승은 장부다.'라고 했다고 한다. 드넓은 사고틀과 추진력, 마음 씀씀이가 출중했던 것이다.

인홍 스님은 또한 의식(儀式)을 바꾸었다. 계·정·혜를 닦아 성불의 길로 가는 데엔 비구와 비구니의 차별이 있을 수 없었다. 사미니계만을 받았을 뿐, 보살계를 받지 않고 사는 노비구니들에게도 율사를 청해서 계를 수지하게 했다.

이때 월정사 및 지장암에 와서 계를 설한 수행자가 자운(慈雲) 스님이었다. 자운 스님은 이때부터 인홍 스님과 오랫동안 친분을 유지했는데, 훗날 스님이 오대산을 떠나 여러 곳에서 회상을 만들어 대중들과 정진을 할 때마다 계를 설해주곤 했다.

강원도 평창군 진부면에서 태어난 자운 스님은 열여섯 살에 해인사 팔만대장경 판전에서 1만 배의 절을 하고 출가하여 스물아홉 살이던 1939년, 일제강점기 아래의 불교중흥을 발원하는 큰 원을 세우고 오대산 중대 적멸보궁에서 하루 스무 시간씩 백 일간 문수기도를 봉행하던 중 99일 만에 문수보살이 푸른 빛 사자를 타고 앞에 나타나 계척(戒尺)을 전해주면서 '금계(禁戒)를 견지하면 불법(佛法)을 재흥(再興)하리라.'는 감응을 받았다는 율사이다.

인홍 스님과 자운 스님의 인연은 깊었다.

스님이 석남사에 자리 잡으면서 자운 스님은 1957년 대한불교조계종 경상남도 종무원장, 1958년 대한불교조계종 감찰원장, 1959년도에는 밀양 표충사 주지로 취임했고, 석남사의 모든 계의식을 관장해주었다.

자운 스님은 한국불교 교단 중흥을 위해 계단(戒壇) 정비에 앞장서면서 율장에 근거한 초기 승가전통을 복원하기 위해 1980년에 비구니계율 특강을 개설, 비구와 비구니 2부(二部) 승가 전통을 꾸준히 교육함과 아울러 결국 2부승(二部僧) 수계 전통(授戒傳統)을 제도화했다.

인홍 스님은 1986년 9월 대한불교조계종 단일계단 제7회 비구니 전계화상을 역임했는데, 자운 스님의 영향이 깊었던 것으로 전해진다.

출가 절인 지장암에 대한 애정이 깊었던 인홍 스님은 전쟁으로 인해 지장암이 모두 타버리자 몹시 상심했다. 뒤에 남은 대중들이 불사를 꾸준히 해서 1980년도에 지금의 기린선원이 준공되었는데, 선원을 짓는다는 이야기를 듣고 선뜻 불사금을 내놓았다고 한다.

인홍 스님은 1941년 9월에 입산해서 1949년 봄까지 8년 동안 오대산에 머물면서 1942년 정월 보름에 한암 스님을 계사로 사미니계를 수지하고, 1943년 8월에 강원도 강릉 포교당에서 일운(一雲) 스님을 계사로 보살계를 수지했다.

1945년 3월 서울 종로구 안국동 선학원에서 동산(東山) 스님을 계사로 비구니계를 수지한 그 해 덕숭산 정혜사로 가서 다음해까지 두 하안거를 났다.

1949년, 전쟁이 일어나리라는 소문에 의해 지장암을 떠날 때까지 오대산은 인홍 스님에게 출가의 길을 열었고 잊을 수 없는 대선지식 한암 스님을 만나 출가자 이전에 인간으로서

반드시 행해야할 겸손과 관용과 검소를 익혔고, 참사람·참수
행자의 모습이 어떠해야 하는가를 뼛속에 새긴 곳이었다.

　인홍 스님의 생애에 있어서 오대산 시절은 출가의 기틀을
세우고 선지식이란 무릇 어떠한 길을 가야하는 가를 배우고
익힌 시기였던 것이다.

선지식 성철 선사를 만나다

재발심, 법의 스승을 만나다

1949년 겨울, 인홍 스님은 부산 월내 묘관음사에서 정진하고 있었다. 전쟁이 일어나리란 소문으로 술렁대던 오대산을 떠나와 부산으로 왔던 것이다. 묘관음사엔 향곡(香谷) 스님과 성철(性徹) 스님이 머물면서 수행을 하고 있었다.

경허 스님의 법맥을 이은 향곡 스님은 성철 스님과 절친한 도반으로 봉암사 결사에 참여하다가 묘관음사로 돌아와 있었다.

성철 스님은 '왜색불교를 척결하고 부처님 법대로 살자.'라는 기치를 내걸고 봉암사 결사를 이끌다가 전쟁을 예감하고 많은 경전을 싣고 그곳에 와 있었다.

인홍 스님은 평생 동안 정신적 스승이자 법사(法師)로 섬기며 그 법을 따랐던 성철 스님을 그곳에서 처음 만났다. 성철 스님은 당시 범어사 동산 스님을 은사로 출가한 지 15년 정도 되었으나 도인으로 이미 전국에 알려져 있었다.

성철 스님은 삼십대 말의 젊은 선객이었으나 이미 도를 이루어, 쏘아보는 눈빛만으로도 가슴을 서늘하게 하는 도인이었다. 똑바로 바라볼 수 없을 정도로 눈에서 황금빛을 발했고 상대방을 무언으로 압도하고 있었다.

1912년 경상남도 산청군 단성면 묵곡리에서 태어난 성철 스님은 스물네 살에 '영원'의 문제를 풀기 위해 지리산 대원사로 구도의 길을 떠나면서 오늘날까지 인구에 회자하는 감동적인 출가시를 남겼다.

하늘에 넘치는 큰일들은 붉은 화롯불에 한 점의 눈송이요.
바다를 덮는 큰 기틀이라도 밝은 햇볕에 한 방울 이슬일세.
그 누가 잠깐의 꿈속 세상에 꿈을 꾸며 살다가 죽어 가랴.
만고의 진리를 향해 모든 것 다 버리고 초연히 내 홀로 걸어가노라.

彌天大業紅爐雪

跨海雄基赫日露
誰人甘死片時夢
超然獨步萬古眞

　　성철 스님은 1936년 해인사로 출가하여 하동산 스님을 은사
로 수계 득도했으며, 출가 후 장좌불와로 일관하며 선방에서
정진, 스물아홉에 오도송(悟道頌)을 읊었던 선지식이었으니,
그 오도송 또한 뛰어났다.

황하수 서쪽으로 거슬러 흘러 곤륜산 정상에 치솟아 올랐으니
해와 달은 빛을 잃고 땅은 꺼져 버리는도다.
문득 한 번 웃고 머리를 돌려서니
청산은 예로되 흰 구름 속에 섰네.

黃河西流崑崙頂
日月無光大地沈
遽然一笑回首立
靑山依舊白雲中

한평생 견지했던 무소유의 청빈한 삶, 뼈를 깎는 장좌불와의 고행 정진과 대선사이자 대사상가로서 한국 불교사에 굵은 획을 그으며 큰 족적을 남겼던 선지식 성철 선사와의 만남은 인홍 스님의 정진에 큰 변화를 가져왔다.

인홍 스님을 비롯한 비구니 스님들은 묘관음사에 머물지 못하고 근처 마을에 방을 얻어놓고 정진하고 있었다. 비구 스님과 한 곳에 있을 수 없는 계율 때문이었다. 일정시간 정진을 하고 나면 탁발하고 걸식해 가며 정진하고 있었던 것이다.

묘관음사에 오자 인홍 스님은 '생사해탈'이라는 명제 하나만을 앞에 놓은 채 선방에 앉았다. 도반인 장일(長一)·성우(惺牛)·묘찬 스님 등과 함께 벽을 향하고 앉았다. 참으로 안정된 정적 속에서 정진하고 있었다.

성철 스님은 벌써 몇 년 째 장좌불와 중이었고 나머지 대중도 잠을 자는 사람은 거의 없었다. 철저한 계행과 '부처님 정법대로 살아야 한다.'는 기치가 살아있던 도량에서 오직 정진뿐이었다.

그러던 어느 날이었다. 향곡 스님이 인홍 스님에게 공부의 경계를 물었고 스님이 자신의 경계를 대답했다. 향곡 스님은 답을 듣고 고개를 끄덕였다. 그러나 곁에 있던 성철 스님이 스님의 멱살을 잡고 다시 물었다.

"일러보시오."

스님은 아무 말도 하지 못했다. 한 걸음도 나아갈 수 없는 은산철벽만 느꼈을 뿐이었다. 그 날, 성철 스님은 이런 법문을 했다.

하루 중 아무리 바쁠 때라도 화두가 끊어지질 않고
꿈속에 밝고 밝아 항상 한결같아도
잠이 깊이 들었을 때 문득 화두가 막연하면
다겁으로 내려오는 생사고를 어떻게 하리요.

日間浩浩常作主
夢中明明恒如一
正睡着兮便漠然
塵劫生死苦奈何

화두가 '동정일여(動靜一如)·몽중일여(夢中一如)·숙면일여(熟眠一如) 되어서 오매일여(寤寐一如)가 되어야 한다.' 는 삼분단(三分段) 법문이었다. 성철 스님은 다시 설명했다.

“수행자의 과제는 마음을 깨쳐 대자유인이 되는 것이다.

마음을 깨친다는 것은 무엇인가. 무심을 증득하는 것이다. 무심을 증득하면 거기에서 대지혜 광명이 생기고 대자유가 생기는 것이다. 인간의 참다운 자유와 평등은 마음을 확실히 깨쳐야만 누릴 수 있는 것이다.

이 대자유와 평등을 성취하려면 ‘내 마음이 본래 부처〔卽心是佛〕’라는 것을 확실히 믿어야 한다. 자기 마음 이외에 불법이 없고 자기 마음 이외에 부처가 따로 없다는 것을 철두철미하게 믿고 오직 화두를 배워 열심히 정진해서 올바르게 깨치면 대자유자재한 부사의 해탈경지를 성취할 수 있다.”

그렇다면 공부는 어떻게 해야 하는가. 어느 경지까지 가야 하는가.

“동정일여란 행주좌와 어묵동정(行住坐臥語默動靜), 오나가나 앉거나 눕거나 말하거나 말을 하지 않거나 움직이거나 조용하거나 상관없이, 화두란 의심덩어리가 온 마음에 가득한 경지이다. 화두를 가지고 정진할 때 일상생활에서 마음이 하나도 흐트러지지 않고 고요한 물속에 밝은 달이 비치듯 늘 성성하게 화두가 들리는 경지가 동정일여인 것이다."

이십대에 입산해서 지리산 대원사 탑전에서 하루 스물네 시
간 자지 않고 허리를 방바닥에 대지 않은 채 끼니때를 제외하
고는 허리를 꼿꼿이 펴고 좌복에 앉아 용맹정진한 지 42일 만
에 동정일여가 되었던 성철 스님이었다.
성철 스님이 인홍 스님에게 물었다.
"그렇게 되었는가?"
스님의 묵묵부답에 성철 스님은 다시 설명했다.

"동정일여의 경지가 체득된 후 더욱 화두 공부를 정진하여
가면 마침내 꿈속에서도 세속의 수 겁의 업장인 꿈은 없어지
고 그 대신 생시나 다름없이 꿈속에서도 낮과 똑같이 화두가
들리는 경지에 이른다. 이것을 몽중일여라고 한다. 그렇게 되
었는가?"

선지식의 법문은 실타래 풀리듯 풀려 나왔다.

"그러면 동정일여, 몽중일여 이것으로 화두 공부가 끝인

가? 여기서 한 걸음 더 나아가 깊이 잠이 들어 무의식에 이르렀을 때에도 화두가 성성하게 들리는 경지가 나타나는데, 이 경지를 숙면일여 또는 오매일여라고 한다. 그렇게 되었는가?"

성철 스님은 '세 관문을 뚫어야만 화두를 깨칠 수 있고 비로소 만근의 짐을 내려놓는 완성된 공부인이 된다.'고 말했다. 자신의 깊은 체험에서 우러나온 법문이었기에 인홍 스님의 가슴에 절절히 들어오는 것이었다.

"그러나 우리의 공부는 실제로 오매일여를 넘어 내외(內外)가 명철(明徹)한 구경묘각(究竟妙覺)을 얻어야 견성(見性)이다. 오매일여가 되었다 해도 구경에 이르지 못하는 수가 있으니 꼭 본분종사를 찾아가 인가를 받아야 한다. 오매일여가 되었나, 되지 않았나를 스스로 점검하고 양심을 속이지 말아야 한다. 그렇게 되자면 목숨을 던져놓고 공부해야 한다. 신명을 아끼지 않고 부지런히 노력해야 한다."

만고불변의 진리 앞에서 인홍 스님은 비로소 자신의 수행이 어느 정도에 이르렀는지 점검할 수가 있었다. 정신이 번쩍 났고, 가야할 길이 너무나 먼 것을 느꼈다.

꿈에서도, 깊은 잠에서도 화두로 깨어 있어야 한다는 법문은 당시의 공부 풍토에서는 많은 사람들이 받아들이기 어려운 이론이었다. 꿈에서도, 잠들어 있으면서도 깨어 있어야 한다는 것은 죽어도 의식은 살아있어야 한다는 말이었다.

그 법문은 본인 자신이 그러하다는 것을 의미하는 것 아니겠는가. 그것은 감당할 수 없는 자리였다. 스님은 자신의 공부가 그간 얼마나 좁은 틀에 머물러 있었나를 깨달았다. 자신이 걸어온 길이 비로소 보였고, 자신의 공부를 비로소 스스로 점검할 수 있었다. 얼마만큼 왔는지도 확실해졌다. 가슴이 시원해졌던 그 날 이후, 스님은 깊이 재발심했다.

"공부를 제대로 이루기 전에는 공부란 이름도 붙일 수 없는 것, 하루에 적어도 20시간 이상 화두가 한결같게 들려야만 비로소 화두 공부를 한다고 할 수 있다. 이를 화두천(話頭天)이라고 한다. 목숨을 아끼지 않고 부지런히 노력하라!

깨달음의 경계는 한 번 얻게 되면 영원토록 잊어지지 않는 것이다. 현재의 생에서뿐만 아니라 내생에서도 잊어지지 않는 것이다. 이것이 영겁불망, 대자유에 이르는 것이며, 이 길에 이르는 가장 빠른 방법은 참선이다. 아무리 깊은 잠이 들어도 절대 어둡지 않고 여여불변(如如不變)하게 되면 그것이 영겁불망, 대자유인이 되는 것이다.”

인홍 스님은 천재적 두뇌와 초인적인 수행으로 도의 경지에 오른 선지식이 토해놓는 뜨거운 법문을 들으면서 깊은 전율을 느끼지 않을 수 없었다.

모든 업으로부터, 생사고해로부터 벗어난 대자유인이 되는 이 길은 목숨을 버리고 가야 할 길이었다.

“이 대선지식의 지도로 공부해서 기필코 성불하리라.”

스님은 깊은 재발심으로 선방에 다시 앉았다. 그리고 ‘오매일여를 넘어 내외명철 구경묘각까지’라는 법문을 가슴속 깊이 새겨 넣었다.

신명을 바치라!

묘관음사에서의 한 철은 어느 정진 때보다도 치열한 것이었다. ‘동정일여, 몽중일여, 숙면일여’라는 목표를 향해 뼈를 깎는 노력을 한 시기였다.

등을 방바닥에 대지 않았고 잠을 자지 않았다. 신심이 극치에 달했던 시기였기에 잠자는 것조차 아까웠던 것이다. 잠이 올 때는 행선(行禪)을 했다. 걸으면서 수행을 했던 것이다

출가 수행자의 길이 길고도 먼, 험하고도 험한, 그래서 신명을 바치지 않으면 결코 이룰 수 없는 길이란 것을 깨쳐가고 있을 무렵, 겨울 추위가 한창이던 어느 날이었다.

성철 스님이 아침 정진 후 포행 중이던 인홍 스님을 묘관음사 곁에 있던 못으로 밀어 넣었다. 살짝 얼음이 얼어있던 연못이었다. 순식간에 일어난 일이었다.

"이 공부에 신명을 바치라!"

성철 스님이 보낸 무언의 뜨거운 경책을 가슴 깊이 받아들인 스님은 당황하지 않고 천천히 못에서 나왔다. 옆에 있던 향곡 스님이 못에서 나올 수 있도록 도와주었다. 겉에 입고 있던 누비 두루마기가 흠뻑 젖어 있었다.

바닷바람이 추위 두텁게 누벼 입은 두루마기가 물에 젖어 온 몸이 추위로 적셔왔으나 스님은 옷을 갈아입지 않았다. 젖

1950년대 초의 인홍 스님 모습이다. 오른쪽은 도반 장일 스님의 맏상좌인 묘찬 스님이다.

은 옷 그대로 그 옷이 다 마르도록 행선하면서 정진했다.

훗날 인홍 스님은 후학들에게 그때의 심정을 이렇게 전했다.

"'조금 아는 것은 아무 것도 아니로구나. 그것조차 버릴 것이로구나.' 하는 생각이 들었다. 그때부터 한 걸음도 나갈 수 없는 그런 경지, 은산철벽이 되었다. 평생 그 순간을 잊지 못했고, 큰스님의 무언의 크신 경책은 항시 수행의 밑거름이 되었다. 그리고 평생 그때 발심했던 마음을 철두철미 잊지 않고 살았다."

출가한 지 8년 만에 인홍 스님은 그렇게 수행자의 길에 뚜렷한 공부의 길을 제시해 준 정신적 스승을 만났고, '내 이 분을 의지해 성불하리라.'는 대원을 세우게 되었다.

그 후 많은 각고 끝에 석남사 회상을 만들어 살 때 인홍 스님은 '나는 부처님 정법대로, 큰스님 법대로 사는 회상을 만들기 위해 석남사 도량을 수호했다.'라고 말하곤 했다.

인홍 스님이 일평생 스승 성철 스님에게 보낸 끝없는 존경과 변함없는 믿음은 이로부터 시작된 것이었다. 1955년에서 1963년, 성철 스님이 파계사 성전암에서 철조망을 두르고 칩

거하며 정진하고 있을 때 스님은 수없이 쫓겨나면서도 대중들을 이끌고 그곳을 방문했다.

“아무도 의지하지 말고 철저하게 화두일념으로 공부하라.”

행동으로 그 가르침을 보여주는 것을 보고 느끼며 깊은 신심을 내곤 했다. 인홍 스님은 성철 스님에게서 말로서가 아니라 수행 정진이라는 행으로 후학들을 가르치는 것을 배웠다. 선(禪)의 길은 말로 전할 수 없는 것임도 깨우쳤다.

황금빛으로 형형했던 그 눈빛을 잊을 수 있겠는가. 모습만으로도 신심이 서릿발처럼 섰으며 도심이 꺾이지 않도록 경책하고 또 경책했던 죽비 아니었던가.

인홍 스님의 월내 묘관음사에서의 동안거 정진은 일평생 스승으로 추종했던 성철 스님과의 만남이 이루어진 시기였고, 한 치의 의심도 없이 스승을 믿는 마음으로 재발심한 시기였다. 홀로 자신의 공부를 점검할 수 있는 힘을 얻은 시기이기도 했다.

훗날 상좌들에게 ‘내가 그때 정신이 돌아왔다.’고 회고했을 만큼 수행방법이 전환된 시점이었던 것이다.

일평생 동안 발심이 녹슬지 않도록 조금도 틈을 주지 않으며 격발시켰고 매섭게 경책했던 스승을 만난 묘관음사에서의 정진이었다.

혜해(慧海) 스님(경주 흥륜사 선원장)은 그 시절의 일을 이렇게 증언한다.

"인홍 스님과 몇몇 스님들은 잠을 자지 않고 밤새도록 거닐면서 살았다고 한다. '장좌불와를 하면서 나무 밑에서 자고, 걸식하면서 성철 큰스님의 법문 듣고 산다.', 그렇게 들었다. 한 스님이 화두를 든 채 바리때에 밥을 얻어 오다가 미끄러지면서 땅위에 모두 쏟았는데 밥알을 낱낱이 다 주워 먹었다는 이야기도 들었다."

전쟁의 한가운데서

1950년 가을, 대승사 윤필암에서

1950년 6월 25일 이후 한국의 산하는 신음 속에 있었다. 동족끼리 총을 들이 댄 전쟁으로 인해 국토는 초토화되었고 인명 살상은 극에 달했다. 한국의 사찰 또한 전쟁의 비극에서 비켜날 수 없었다. 많은 수행자들이 피난을 떠날 수밖에 없었다.

인홍 스님은 묘관음사에서 나와 지장암에 잠깐 머물다가 전쟁이 일어나기 직전 오대산을 나와 문경 대승사 윤필암으로 갔다. 젊은 사람들은 부산으로 피난을 보내고, 가을이 한참일 때였다.

전쟁 중일 때에도 피난 행렬에 휩싸이지 않고 윤필암 선방으로 간 걸 보면, 당시 스님이 얼마나 공부에 대한 열망이 컸는지 알 수 있다.

윤필암에는 다른 대중은 모두 피난을 간 채, 묘엄(妙嚴) 스님과 그의 스승 월혜(月慧) 스님 등 열두 사람이 남아 있었다. 윤필암이 군사도로가 있는 곳에 있지 않았기 때문에 덜 위험해 피난을 가지 않은 것이었다.

"당시 윤필암, 지장암, 수덕사 견성암 이렇게 세 군데가 비구니 선방으로 많이 알려져 있었다. 서로 더러 오고 가고 했으나 나는 인홍 노스님을 뵙지는 못하고 '인홍 스님이라는 분이 지장암에서 본공 스님과 함께 대중을 거느리고 참선을 잘하고 있다.'는 소문만 듣고 있다가 처음 만나게 된 것이다.

전쟁이 일어나자 스님은 걸망을 지고 윤필암으로 피난을 오셨는데, 아무도 안 데리고 당신 혼자만 오셨다. '오대산에서 걸어서 제천으로 해서 윤필암으로 왔다.'라고 했다. 결제하고 얼마 되지 않은 가을이었고, 감이 홍시가 되어서 한창일 때였다."

묘엄 스님(봉녕사 승가대학 학장)의 증언이다.

인홍 스님은 선방에 앉아 입산한 지 십여 년의 세월을 가만히 돌아보았다. 깊은 수행과 중생에 대한 사랑이 한없이 깊었던 대선지식 한암 스님을 만나 수행자가 가야할 길을 발견했고, 최근엔 또 한 분의 스승인 성철 스님을 만나 재발심을 했던 터였다.

이제 막 공부에 혼신의 힘을 기울이려 하는데 전쟁이 터진 것이다. 전쟁은 인홍 스님에게 뿐만 아니라 모든 수행자들에게 피할 수 없는 역경계였다. '모든 게 피할 수 없는 인과이리라.', 스님은 자신이 수행에 몰입하는 것이 인과를 벗어나는 일이라고 생각했다.

스님은 윤필암에 있으면서 대중들과 함께 힘써 정진했다. 세상 밖은 전쟁의 소요 속에 휩싸여 있었으나 윤필암의 대중들은 세상과 절연한 채 변함없는 정진 속에 있었다. 선방의 시계 하나가 세간과 소통되는 유일한 도구였다.

매일 꽁보리밥만 먹는 나날이었다. 쌀을 구하러 나갈 수가 없어서 한 철 동안 보리밥만 먹었던 것이다. 텃밭에 심어둔 감자를 캐서 보리밥에 넣어 부드럽게 만든 감자보리밥을 먹은 지 두 달쯤 후, 인홍 스님은 부산으로 내려가기 위해 짐을 쌌다. 9·28수복이 되어 길을 떠나는 데 장애가 없어졌던 것이다.

봉암사 백련암에서, 1951년 여름

전쟁 속에서의 모든 수행자들의 삶은 세상의 혼란만큼이나 큰 소용돌이 속에 있었다. 전쟁은 쉽게 끝날 기미가 보이지 않았고, 사람이 수없이 죽어나가는 전쟁의 참혹함 속에서 수행자의 처신은 더할 수 없는 역경계 앞일 수밖에 없었다.

대중이 함께 모여 수행을 한다는 것은 엄두를 못 낼 일이었다. 모두 흩어져 전쟁이 끝나기를 바랄 뿐, 수행자가 할 수 있는 일이라고는 '온 국민이 한 민족끼리 총칼을 겨누며 싸우는 전쟁이라는 크나큰 인과에서 벗어나 주십사.' 하는 염원뿐이었다.

그러나 전쟁의 혼란과 소용돌이 속에서도 인홍 스님의 마음은 '수행정진'이라는 수행자의 명제에 머물러 있었다. 묘관음사에서 성철 스님에게 동정일여, 몽중일여, 오매일여의 삼분단 법문을 들은 이후 늘 그 법문이 마음에서 떠나지 않고 있었던 것이다.

뼈가 으스러지도록 정진해야 하지 않겠는가. 살을 에는 각오로 공부해야하지 않겠는가. 그래서 대자유인이 되어야 하지 않겠는가. 촌음을 아껴 쓰지 않고 하루하루 시간만 축내고 앉아 있다면 자유를 찾아 떠나온 이 출가의 길이 무슨 의미가 있겠는가. 그렇게 생각하자 스님의 마음은 급해지지 시작했다.

윤필암에서 떠나 피난지의 부산 금화사에 머물러 있던 인홍 스님은 정진할 도량을 찾기 시작했다. 그러자 뜻밖에 부산 피난지에서 만나 금화사에서 함께 살던 묘엄 스님이 해결책을 내놓았다.

"전쟁이 나기 전 성철 스님과 청담 스님께서 봉암사 결사를 하실 때, 저는 봉암사 본 절에서 그리 멀리 떨어지지 않은 백련암에 머물면서 공부했습니다. 지금 사정이 어떤지 모르겠지만 그곳이면 조용히 공부할 수 있을 것 같습니다."

"조용한 곳인가?"

"조용합니다. 숲이 울창해서 바람이 시원하고 개울이 넓은 게 마음이 탁 트이는 곳입니다. 밭이 없어 채소를 구할 수 없는 게 흠이지만 그것은 큰절 밭에서 뜯어오면 됩니다. 된장과 고추장만 있으면 문제없습니다."

백련암에 머물렀던 묘엄 스님의 경험이 백련암으로 길을 떠나는 데 결정적 역할을 했다.

"그러면 올 여름 한 철을 그곳에 가서 살자."

4월 보름에서 7월 보름까지 하안거를 보낼 생각이었다. 1951년 초여름, 하안거가 시작되기 직전, 스님은 묘엄 스님과 함께 봉암사 백련암으로 길을 떠났다.

무진행이라는 여성신도 한 사람을 더 데리고 떠난 길이었다. 무진행은 기차 안에서 활동하는 이동경찰이었는데, 몸이 쇠약해서 요양 차 따라 나선 것이었다.

지리산 공비들이 올라가다가 봉암사를 품고 있는 희양산에 들렀다는 소문이 나돌던 때였으나 스님은 소문을 뒤로 한 채 한 철을 나기로 하고 걸망을 졌던 것이다.

백련암에 도착해 한 철 동안 입을 옷과 보리쌀 한 말, 쌀 한 말을 준비해 놓고 고추장, 된장 단지를 부엌에 들여놓았다.

'수행자의 본분인 수행 정진을 하면서 사는데 공비가 온들 어떠랴.'

일꾼들에게 품삯을 주어 장작을 패게 하고 산의 나무도 끌어내려 묶어놓았다. 오로지 정진만 할 만반의 준비를 끝내고 선방을 말끔히 치우고 앉으니 어느 제왕이 부럽지 않았다.

밤낮으로 정진을 하면서 지내던 사흘째 되는 날이었다.

달빛이 환한 보름이 막 지난 밤 열시 무렵, 스님은 선방에 혼자 앉아 있었다. 다른 두 사람은 정진을 끝내고 방으로 돌아간 뒤였다. 소란한 전쟁과는 상관없이 산중은 한없이 고요했다. 숲에서 부는 바람은 전쟁의 상처를 씻어주는 듯 청량했다.

스님은 방 한가운데 앉아 다시 입선(入禪)했다. 어찌 편히 잠을 잘 수 있겠는가. 촌음을 아껴야할 시기였다.

화두에 온 마음을 기울이고 있는데, 묘엄 스님이 밥솥에 물을 부어 놓은 누른 밥을 긁으려고 하는지 등잔불의 심지를 돋우고 있었다.

그때였다. 낮에 막대를 끼워놓은 사립문이 와지끈 부서지는 소리가 들리는가 싶더니, 닫아 두었던 문이 한꺼번에 열리는 것이었다. 직감적으로 인민군이 들이닥쳤음을 느꼈다.

총 끝에 칼을 매단 것을 들고 그들은 세 사람 앞에 멈추어 섰다. 스님은 그들의 군화를 내려다보면서 입선한 자세를 풀지 않고 있었다.

"우리는 조선인민공화국 인민을 위해서 해방시키러 왔다."

인민군들의 총부리는 세 사람에게 향해져 있었다. 그들은 자신들이 왜 인민을 해방시켜야하는지 장황하게 설명하고 나더니, 책임자인 듯한 공비가 가장 연장자인 인홍 스님에게 물었다.

"세 가지만 물을 테니 답하시오. 첫째, 우리가 떠난 뒤 밀고를 할 겁니까? 둘째, 남한 정권과 김일성 정권 중 어느 쪽이 좋습니까? 셋째, 당신들이 오기 전에 살던 스님은 어디에 있습니까?"

전에 살던 스님들의 소식을 묻는 것을 보니 그들은 처음 백련암에 내려온 것이 아닌 듯싶었다. 스님은 침착하게 대답했다.

"첫째, 밀고라는 것은 몰래 가서 신고를 하는 것인데 지금은 당신들이 총칼을 들이대고 있으니 나갈 수가 없고, 또 당신들이 간 뒤에도 우리는 경찰서가 어디에 있는지 모릅니다. 그러니 밀고가 가능한지는 당신들이 더 잘 알겠군요.

둘째, 우리 수행자는 도를 닦기 위해 세간을 떠나온 사람들입니다. 그러니 우리가 세속의 일, 그것도 정치에 대해 무엇을 알겠습니까? 또한 우리 수행자는 옳고 그른 것, 좋고 나쁜 것을 분별하지 않기 위해 공부하는 사람들이니, 더욱 모를 뿐입니다.

셋째, 수행자는 바람처럼 구름처럼 떠돌면서 오직 도 공부만 하는 사람들입니다. 그러니 바람의 행처를 어찌 알겠습니까? 또한 전국의 승려 수가 수천 명에 달하는데 여기 있던 스님이 어디에 계신 걸 우리가 어찌 알겠습니까?"

조금도 흥분하거나 놀람 없이 자세를 흩트리지 않은 채 간결하게 대답하는 스님에게 무엇을 느꼈는지 그들은 좀 긴장을 푸는 듯했다. 그러나 세 사람을 향해 겨누고 있던 총 끝을 거두지 않았다. 스님의 침착한 태도에 놀랐는지 그들이 물었다.

"당신들을 죽일 수도 있는데 왜 놀라지 않습니까?"

"살아오면서 나는 남을 해롭게 한 일이 없었습니다. 그리고 과거 전생에 내가 당신을 죽인 일이 없는데, 놀랄 일이 없잖습니까?"

한 핏줄이요, 동족 아닌가. 사실은 저들도 전쟁을 일으킨 정권, 나아가 어수선한 세상의 피해자일 뿐 무슨 잘못이 있겠는가. 연민의 대상일 뿐이었다.

그들은 수행자다운 인홍 스님의 태도에 조금은 무장해제를 하고 물었다.

"부엌에 남은 밥이 있습니까?"

그런 그들을 바라보면서 스님이 나무랐다.

"이제 총을 치우시오. 밥을 달라는 사람들이 총을 들이대고 있으면 되겠습니까?"

그들이 비로소 총부리를 거두었다.

인민군들은 밥을 먹고 나자 백련암에 있는 모든 주식과 부식을 자루에 쓸어 담았다. 그들은 나가면서 안심이 되지 않는 듯 '파출소에 신고할 거냐.'고 물었다.

"세상이 평화롭기만을 바랍니다."

인홍 스님의 말끝에 그들은 "신고하려면 두 시간 후 우리가 멀리 가면 하시오." 하고는 대문 밖으로 사라지는 것이었다. 삼십여 명이나 되는 그들은 발자국 소리 하나 남기지 않은 채 귀신처럼 사라졌다. 마치 세찬 바람이 불다가 일시에 바람이 잔 바다처럼 고요했다.

이념이란 게 무엇이기에 같은 민족끼리 총부리를 겨누고 싸우고 있단 말인가. 수십 년을 일제의 잔혹한 탄압에서 신음하다가 이제 겨우 잃어버린 나라를 찾았는가 싶었는데, 그 기쁨도 잠깐, 동족끼리의 전쟁이 벌어져 국토는 짓밟히고 수많은 사람이 죽어나가고 있었다. 참혹한 일이었다.

그들이 바람처럼 사라지자 묘엄 스님이 '날만 새면 백련암에서 내려가야 하지 않겠느냐.'고 물었으나 스님은 대답하지 않았다. 다음날 이른 새벽, 밖에서 두런두런 하는 소리가 들렸다. 소식을 알고 온 경찰관들이었다.

"다친 데는 없습니까? 그들이 뭐라고 하더이까?"

"인민공화국 해방시키러 왔다고 하데요."

굉장히 위험한 일을 치루고 난 세 사람의 평온함이 믿기지 않는 듯 경찰관 하나가 말했다.

“스님들, 말짱하시네요?”

“그럼, 그 사람들이 왔다갔다고 어디 찌그러지기야 하겠습니까?”

묘엄 스님의 대답에 경찰관들이 서로 바라보면서 웃는 사이, 묘엄 스님이 다시 들려주었다.

“참 희한하게 문밖으로 나가는데 날아갔는지 기어갔는지 소리 하나 없었어요. 훈련을 잘 받은 것 같아요. 산을 잘 타는 사람인가 봅니다.”

어떤 긴장된 순간에도 침착함을 잃지 않는 젊은 수행자였다. ‘묘엄’이란 이름은 성철 스님이 《화엄경》의 〈세주묘엄(世主妙嚴)〉이라는 품에서 따서 지어준 불명으로, ‘온 우주 세계의 주인이 되어서 묘하게 이 세상을 장엄한다.’는 뜻이었다.

열여섯 살의 어린 자신에게 역사와 교양과 불교를 설명하는데, 끝도 없이 풀려나오는 성철 스님의 그 박학다식함에 감탄하여, 그 모든 지식을 자신에게 다 가르쳐주겠다는 약속을 받아내고 출가를 감행한 스님이었다.

묘엄 스님은 다음 해, 인홍 스님이 성주사에 자리를 잡고 선원을 열었을 때 그 회상에서 공부한 이후, 교학을 공부해 빼어난 실력의 강백이 되었고, 수원 봉녕사에 강원을 개설해서 비구니 교육의 산실이 되게 했다.

인홍 스님은 석남사에서 회상을 만들어 후학을 지도하면서 많은 학인들을 봉녕사로 보내 강원공부를 시켰으니, 두 사람의 인연은 오래고 깊은 것이었다.

밤에 일어났던 일을 새카맣게 잊은 듯 스님은 경찰관을 따라 산을 내려갈 생각을 하지 않았다.

"그래도 어렵게 왔는데 공부를 좀 하고 가야 하지 않겠나?"

그런 일이 있은 후, 낮엔 백련암에서 공부를 하고 밤이면 봉암사에 내려가서 자고 올라오는 생활을 하다가 한 달 후에 백련암을 내려왔다.

전쟁이 끝나지 않은 산 속에서 공부를 한다는 것은 어려운 일이었다. 윤필암으로 묘엄 스님을 보내고 인홍 스님은 무진행과 다시 피난민들의 집결지로 소란한 부산으로 내려갔다.

2장

출가정신의 구현

출가정신을 구현하다

비구니의 출가

지금으로부터 이천육백여 년 전, 머리를 삭발하고 가사를 입은 일흔다섯 살의 노파가 부처님이 계신 기원정사 문 앞에서 눈물을 머금은 채 서 있었다. 5백여 명의 여인들과 함께였다. 그들은 먼 길을 걸어온 듯 온 몸에 먼지가 가득했다. 발은 퉁퉁 부어올랐고 발바닥은 짓물러 있었다. 그들은 조용히 문 밖에 서 있었다.

부처님의 제자 아난이 지나가다가 이를 보고 노인 앞으로 다가갔다. 부처님의 십대 제자 가운데 다문(多聞) 제일인 아난이 부처님을 시봉하고 있을 때였다.

"무슨 일이십니까?"

아난은 노파의 얼굴을 보고 깜짝 놀라고 말았다. 눈빛이 깊고 기품 있어 보이는 노인은 다름 아닌 자신의 숙모였다. 부처님의 이모이자 양모인 마하파자파티 고타미였던 것이다. 노인 또한 아난을 알아보고 공손히 합장하며 예를 올린 다음 말했다.

"몇 년 전 부처님께서 고향인 카필라성에 오셨을 때 출가를 간청했으나 허락하지 않으셨습니다. 5년을 기다린 끝에 다시 출가의 청을 드리고자 이렇게 다시 왔습니다. 야쇼다라 태자비와 샤카족의 여인들을 데리고 출가를 허락받으러 왔답니다."

노인의 음성은 조용했고 간절했다. 부처님의 제자 가운데 여성이 없을 때였다. 아난은 부처님의 어머니이자 자신의 숙모인 마하파자파티 고타미의 사정 얘기를 듣고는 부처님께 여쭈어 보겠다고 하면서 위로했다. 그리고 곧 부처님께 나아갔다.

"세존이시여! 밖에 어머니께서 와 계십니다. 머리를 삭발하신 채 가사를 입고 울고 서 계셨습니다. 출가를 허락받기 위해 일흔다섯 노인의 몸으로 카필라성에서 이곳 기원정사까지 그 먼 길을 걸어오셨습니다."

부처님은 아무 말씀도 하지 않은 채 듣고만 있었다.

"세존이시여! 어찌하여 여성들의 출가를 허락하지 않으십니까? 여성들도 출가하여 도를 닦게 해주십시오."

부처님은 저 5년 전, 출가 후 처음 고향 카필라성을 찾았을
때 어머니가 출가를 원하던 것을 기억했다. 자신이 고향인 카
필라의 니그로다 정원에 머물고 있을 때 아들 라훌라와 이복
형제들, 그리고 사촌형제들을 비롯한 수백 명의 청년들이 출
가하여 자신에게 귀의했다. 그 때, 이모이자 양모인 마하파자
파티가 찾아와 간절히 청했다.

“대덕이시여! 여성도 여래께서 설하신 법과 율에서 출가할
수 있다면 좋겠습니다. 허락해주시지요.”

당시 인도사회에서의 여성의 존재는 미미하기 그지없었다.
남성에게 존속된 존재에 불과했던 여성이 가족을 떠나 출가한
다는 것은 상상할 수조차 없는 일이었다. 부처님은 출가를 원
하는 어머니에게 ‘아니 된다.’고 말했었다. 마하파자파티는
거듭 몇 번을 간청했으나 부처님은 끝내 허락하지 않고 카필
라 성을 떠나왔다. 그리고 5년여의 세월이 흘러 어머니가 수백
리 길을 걸어 자신을 찾아왔다는 것이다.

부처님은 이번에도 역시 양모를 비롯한 샤카족 여인들의 출
가를 허락하지 않았다. 거듭되는 아난의 간청에도 묵묵할 뿐
이었다. 그러자 아난이 인간적인 면에 호소했다.

“마하파자파티께서는 부처님께 큰 은혜를 주셨습니다. 부

처님의 어머니께서 세상을 떠나시자 세존께 젖을 물려 기르셨습니다."

"그렇다. 그분은 나에게 큰 은혜를 주셨다. 어린 나에게 젖을 먹여 기르신 것은 물론 따스한 마음으로 나를 보살피셨다. 그러나 내가 출가 후 어머니에게 불법을 알게 하고 믿게 하지 않았느냐?"

부처님은 끝내 출가를 허락하지 않았다. 그러자 아난은 다른 방법으로 세존에게 여성의 출가를 요청했다.

"세존이시여, 여성이 여래께서 설하신 법과 율에 출가하여 계를 받고 정진하면 성스러운 4과인 수다원과·사다함과·아나함과 또는 아라한과를 얻을 수 있습니까?"

아난의 물음에 부처님께서 말씀하셨다.

"얻을 수 있다."

"마하파자파티는 세존의 양모이며, 젖을 주어 기른 분입니다. 만약 여성들도 성스러운 4과를 성취할 수 있다면 그분에게 출가를 허락해주셔서 도를 성취할 수 있도록 허락해 주시옵소서."

부처님께서는 아난의 계속되는 청에 말씀하셨다.

"만약 그분이 팔경계법(八警戒法)을 받아 지니면 계를 받고 출가를 할 수 있을 것이다."

팔경계법이란 비구니들이 비구와의 관계에서 꼭 지켜야 하는 여덟 가지 법을 말하는 것이었다. 이러한 사실을 아난은 문밖에서 기다리고 있던 마하파자파티와 야쇼다라 태자비 등에게 전해 주었다.

"마하파자파티여, 당신들이 부처님께서 제시하신 팔경계법을 받는다면 당신들에게 수계가 있을 것입니다."

마하파자파티가 기쁜 마음으로 아난에게 말했다.

"저희들은 앞으로 장식을 좋아하는 젊은 청춘의 남녀가 화관을 얻어 두 손에 지니고 머리에 놓는 것처럼, 살아 있는 동안 어기지 말아야 할 이 팔경계를 받아 지니겠습니다."

이 말을 듣고 아난은 부처님에게 가서 '마하파자파티가 팔경계를 받아 지니겠다고 말했다.'고 전했다. 부처님께서는 마하파자파티를 비롯한 여성들에게 다가와서 법설로 격려하면서 환희롭게 한 후에 함께 상주하던 일천이백 비구들을 불러 말씀하셨다.

"비구들이여, 앞으로 비구들이 비구니들에게 구족계를 주도록 규정하노라."

이천육백여 년 전, 이렇게 부처님의 허락에 의해 마침내 여성들이 깨달음을 위한 출가수행의 길을 가는 것이 가능해졌고, 비구니 승가가 탄생되었다.

당시 마하파자파티를 비롯한 5백여 명의 샤카족 여성들이 부처님의 반대를 순순히 받아들이고 그대로 물러났다면 비구니 승단의 역사는 달라졌을 것이다. 당시 자이나교를 제외한 어떤 종교나 사상에서도 여성들의 종교수행을 허락하지 않았다는 사실에 비추어본다면, 비구니 승가의 구성은 샤카족 여성들의 위대한 선택의 결과였다고 할 수 있다.

이후 비구니들은 비구들 못지않게 치열하게 수행했고 부처님께서는 열심히 공부한 비구니들을 이렇게 거론했다.

"법랍이 오랜 자들 가운데 마하파자파티 고타미, 대지혜를 지닌 자 가운데 케마, 신통력을 지닌 자들 가운데 웃빠라완나, 율을 지닌 자 가운데 빠따차라, 법을 설하는 자들 가운데 담마딘나, 참선하는 자들 가운데 난다, 천안을 지닌 자들 가운데 사꾸라, 빠르게 이해하는 자들 가운데 밧다 꾼다라께사, 숙명통을 지닌 자들 가운데 밧다까삐라니, 대지혜를 성취한 자들 가운데 끼사 고타미, 믿음으로 해탈된 자들 가운데 시가라마따 비구니가 나의 제자 비구니 가운데 제일이다."

— 팔리경전 증지부 —

"내 성문 가운데 제일의 비구니로서 출가하여 오랫동안 도를 배워 국왕의 존경을 받는 이는 바로 마하파자파티 고타미 비구니이고, 지혜롭고 총명한 이는 바로 식마 비구니이며, 신족(神足)이 제일이어서 모든 신들을 감동시키는 이는 바로 우발화색 비구니이고, 두타법의 열 가지 한애(限碍)를 행하는 이는 기리사구담미 비구니이며, 천안이 제일이어서 걸림 없이 비추는 이는 비로 사구리 비구니이다.

그리고 좌선하여 선정에 들어 마음이 흐트러지지 않는 비구니는 사마 비구니이고, 이치를 분별하여 널리 도의 가르침을 연설하는 이는 바로 파두란도나 비구니이며, 율의 가르침을 받들어 지녀서 범하지 않는 이는 바로 가전연 비구니이고, 네 가지 변재를 얻어 겁약함을 품지 않는 이는 바로 최승 비구니이다."

— 《증일아함경》 제 3권의 제5 〈비구니품(比丘尼品)〉 —

이처럼 부처님 당시부터 비구니들도 열심히 정진해서 부처님으로부터 칭찬을 들은 수행자가 많았다.

율장에 의하면 비구니들은 팔경계법을 수지하고 비구와 비구니 교단의 계사 각각 10명에게 수계의 절차를 거쳐 비로소 계를 받을 것을 명시하고 있다. 이 전통은 인도를 거쳐 스리랑카, 미얀마, 중국, 한국, 베트남에 이르기까지 계속해 전승되어 왔다. 인도의 비구니 승단은 인도에서 불교가 사라질 때까지 수백 년간 번성했으나 12세기가 지날 무렵 무슬림의 인도 정복과 함께 역사 속으로 사라졌다.

기원전 3세기 경 스리랑카에 불교를 전한 사람은 인도의 마힌다(Mahindia) 비구였다. 그의 친누이 상가미타(Sanghamitta)가 스리랑카에 비구니 교단을 설립했고, 최초로 비구니가 된 사람은 스리랑카 왕비였다.

436년 스리랑카의 데바사라 비구니가 도반들과 함께 중국으로 건너가 비구니 승가를 설립했으나, 스리랑카 비구니 교단은 10세기경 오랜 기간의 전쟁과 비구 승가의 분열로 완전히 소멸했다. 그러나 이때 중국에 도착해서 형성된 비구니 계단은 이후 대만과 한국, 베트남으로 승계되었다.

스리랑카 비구니들이 1988년에 대만 불교계로부터 비구니 계를 전수받은 것은 당시 전승했던 계맥을 다시 복원하려는 상징적인 노력의 결과라고 할 수 있다.

불교 승단이 소멸되었던 인도나 스리랑카 등 상좌불교권과 달리 한국·대만·홍콩 등 대승불교권에서는 비구니 교단이 왕성하게 활동하고 있다.

우리나라 최초의 비구니는 신라에 불교를 전한 아도화상(阿道和尙)을 숨겨주었던 모례(毛禮)의 누이 사씨(史氏)였다. 우리나라 비구니 역사는 우리나라의 불교의 전래와 함께 하고 있다.

비구니들의 활동은 백제의 선니(禪尼) 법명(法明)이 일본으로 건너가 불교를 전파하고 활동했으며, 고려 때의 비구니들은 비구처럼 경전을 독송하거나 염불을 행했다고 한다.

깨달음을 위한 참선 수행에 힘쓴 비구니의 모습은 고려 후기에 나타나는데, 진각(眞覺) 국사 혜심(惠諶) 스님의 문도들에게서 구체적인 모습을 찾아볼 수 있다. '비구니 종민·청원·요연·희원 등이 1213년에 수선사 안거에 참석하였다.'고 진각 국사 어록에 전한다.

이밖에도 참선에 힘쓴 비구니로 나옹(懶翁) 화상의 제자들이 있다. 이색(李穡)이 지은 〈엄곡기(嚴谷記)〉에 의하면 비구니 화엄 스님은 나옹 스님이 화두공부에 참여시켰으며, 무학(無學) 대사는 화엄 스님의 거처에 '엄곡(嚴谷)'이라 편액을 걸어

주었다고 전한다.

이러한 자료로 보아 깨달음을 추구하는 비구니 선사들의 모습이 고려 후기부터 나타나고 있는 것을 알 수 있다.

그러나 조선시대에는 숭유억불정책으로 인하여 불교가 전반적으로 핍박을 당했으므로 비구니들의 활동도 아울러 미미했으나, 문정왕후 시대에 내원당으로 자수(慈壽)와 인수(仁壽) 두 비구니의 사원이 건립되어 5천 명에 이르는 비구니들이 수행했다고 전한다.

그러나 조선조의 불교에 대한 철저한 억압으로 인해 승려들의 수행이 활발하지 못하다가 숨통이 트이기 시작하면서 활기를 띠기 시작한 것은 근대에 이르러서였다. 근대에 접어들면서 선풍이 다시 진작되어 많은 고승들이 나타나면서 미미했던 비구니 법통이 되살아나기 시작한 것이다.

이러한 비구니 법통이 되살아나는 데 결정적 역할을 한 선승으로 경허 스님의 제자 만공 스님과 오대산의 도인 한암 스님을 꼽는다. 이 두 도인이 제방에서 법을 구하러 찾아오는 비구니들을 제접해 법을 인가해 주고 비구니 교단을 되살리는 데 결정적 역할을 한 것이다.

만공 스님과 한암 스님 이후 청담·전강·향곡·자운·월

하·성철 스님 등의 선사들도 비구니 선풍을 일으키는 데 큰 역할을 했다.

이러한 한국불교의 시대적인 배경 속에서의 인홍 스님의 존재는 뚜렷하게 역사에 남을 만한 것이었다. 인홍 스님이 1941년에 출가해서 활동했던 시기는 한국불교 근대(1876~1945)와 현대(1945~1985)에 해당한다. 그러므로 인홍 스님은 한국불교의 근대와 현대 역사를 살아온 비구니 역사의 증인이면서, 오늘날 한국 비구니 교단이 세계 최대 비구니 교단으로 형성되는 데 초석을 놓은 주역이었다.

성주사 결사, 1951년 8월

인홍 스님이 봉암사 백련암에서 내려와 경상남도 창원군에 있는 성주사(聖住寺)에 자리를 잡자, 바로 대중이 사십여 명 정도 모였다.

윤필암에서 정진하고 있던 대중들과 부산으로 피난을 내려갔던 오대산 지장암 대중들이 함께 모인 것이다. 스님은 전쟁의 혼란 속에서도 수행정진에 목말라 있던 대중들을 이끌었다.

1951년 여름, 전쟁의 포화가 채 가라앉지 않던 시기에 대중

사십여 명과 함께 시작한 성주사에서의 정진은, 성철 스님을 비롯한 청담·자운 스님 등이 주동하여 실시한 봉암사 결사를 그대로 실현한 결사였다.

1947년 '부처님 법대로 돌아가자.'는 기치를 내걸고 실현했던 봉암사 결사는 일제강점기 왜색불교의 영향으로 계율이 무너지고 선이 몰락한 상황에서 선풍을 일으키고 선불교의 중흥을 이루겠다는 선결사운동(禪結社運動)이었다.

단순히 참선에 대한 결사라는 의미를 뛰어넘어 진정한 내면 정화의 개혁을 꾀했던 봉암사 결사에서 내걸었던 공주규약을 성주사에서도 그대로 내걸어 실천했다.

'부처님의 가르침에 따라 산다.'라는 취지에 맞춰 개혁불교의 틀을 갖추어가던 봉암사 결사를 시작할 때, 성철 스님이 직접 붓을 들어 쓴 일종의 행동지침이 바로 '공주규약(共住規約)'이었다.

성주사 대중방에 붙여 놓았던 '공주규약'의 내용은 다음과 같다.

· 엄중한 부처님의 계율과 숭고한 조사들의 가르침을 온 힘을
다하여 수행하여 우리가 바라는 궁극의 목적을 빨리 이룰 수 있

기를 바란다.

· 어떠한 사상과 제도를 막론하고 부처님과 조사의 가르침 이외의 개인적인 의견은 배제한다.

· 일상에 필요한 물품은 스스로 해결한다는 목표 아래 물 긷고 나무하고 밭일하고 탁발하는 등 어떠한 힘든 일도 마다하지 않는다.

· 소작인의 세금과 신도의 보시에 의존하는 생활은 완전히 청산한다.

· 신도가 불전에 공양하는 일은 재를 지낼 때의 현물과 지성으로 드리는 예배에 그친다.

· 용변 볼 때와 잠잘 때를 제외하고는 늘 오조가사를 입는다.

· 사찰을 벗어날 때는 삿갓을 쓰고 죽장을 짚으며 반드시 함께 다닌다.

· 가사는 마나 면으로 한정하고 이것을 괴색으로 한다.

· 발우는 와발우 이외의 사용을 금한다.

· 매일 한 번 〈능엄주〉를 독송한다.

· 매일 두 시간 이상의 노동을 한다.

· 초하루와 보름에 보살대계를 읽고 외운다.

· 공양은 정오가 넘으면 할 수 없으며 아침은 죽으로 한다.

· 앉는 순서는 법랍에 따른다.

· 방사 안에서는 반드시 벽을 보고 앉으며 서로 잡담은 절대 금한다.

· 정해진 시각 이외에 누워 자는 일은 허용되지 않는다.

· 필요한 모든 물건은 스스로 해결한다.

· 그밖에 규칙은 선원의 청규와 대소승의 계율 체제에 의거한다.

· 이상과 같은 일의 실천궁행을 거부하는 사람은 함께 살 수 없다.

모두 18개에 이르는 조항은 모두 세속화된 왜색불교를 혁파하는 일대 혁신의 규약이요 원칙들이었다. 봉암사 결사에서 강조한 개혁의 초점은 세 가지였다.

첫째로 가장 중요한 원칙은 토속신앙과 도교신앙이 혼용되어 조선조 500여 년을 내려왔던 불교의 제자리 찾기였다. 법당의 각종 신상을 모두 없애고 부처님과 그 제자의 상(像)만 남긴 것이 그 대표적인 조처였다.

둘째는 스님들의 일상생활의 개혁이었다. 가사와 발우를 바꾸고, 새로운 모습으로 탁발 동냥하여 검소한 무소유의 삶을 실천하며 자주적으로 절 살림을 꾸려가자는 것이다.

그리고 마지막은 '선불교(禪佛敎)를 바른 부처님의 가르침으로 삼자.', 즉 선불교의 전통을 확립한 것이다. 선불교 전통에 따른 '참선'을 강조했던 것이다.

새로운 승풍을 진작했던 봉암사 결사가 한국불교 개혁의 수많은 모범이 되었듯, 인홍 스님이 주도한 성주사 결사에서도 예외는 아니었다.

성주사에서도 이 원칙들을 철저히 지켜, 수행과 일상생활에 한 치 빈틈없이 철저히 실행했다. 일상생활에서도 늘 오조가사를 입었으며, 외출을 할 때는 삿갓을 쓰고 죽장을 짚었다.

수행하는 일과 외에 매일 두 시간 이상의 노동을 했으며 초하루와 보름에 보살대계를 읽고 외웠다. 아침엔 언제나 죽을 먹고 오후엔 음식을 입에 대지 않았다.

성주사는 신라 말기 무염(無染) 국사가 창건한 가람으로, 당시 법당과 강원채가 있는 아주 큰 도량이었다. 강원과 선원과 율원을 두어 일종의 비구니 총림의 형식을 띠고 있었다. 사미니들은 《초발심자경문》을 배웠고 비구니계를 받은 사람들은 《금강경》을 배웠다. 강설은 비구인 화엄 스님이 맡아 했고, 자운 스님이 와서 율을 강하고 포살계를 주었다.

예불시간에 〈능엄주〉를 독송하고 대참회를 했으며, 아무리 큰 불공이 들어와도 〈능엄주〉 독송과 대참회로 끝냈다. 이는 봉암사에서 실현했던 결사 방식 그대로였다.

계율 또한 철저히 지켜서 잠자리에 들기 전 장삼을 벗지 않았다. 장삼을 입고 정진을 했고 마당을 쓸었다.

'하루 일하지 않으면 하루 먹지 않는다.'는 백장청규 사상에 의거해 대중 모두는 산에서 나무를 해서 져 나르고 밭에 채소를 심어 밭농사를 지었다. 그리고는 정진이었다.

많은 대중들이 눕지 않고 자지 않으면서 정진했다. 선방에서 장좌불와를 한다고 푯대를 내걸지 않았지만 대중들이 알아서 개인적으로 장좌불와를 하고 있었다. 혹시 잠자리에 들었다가도 등을 곧게 펴고 앉아 있는 도반들을 보면 '아, 내가 이렇게 자도 되겠는가.' 하고 일어나 앉아 있을 수밖에 없는 분위기였던 것이다.

인홍 스님은 결사 대중을 이끄느라 여러 실질적인 일들이 많았으나 정진하는 시간엔 어김없이 선방에 앉았으며 일하는 것에도 빠짐없이 앞장섰다. 스님은 무엇보다 치열하게 정진하는 대중들의 모습에 감동하지 않을 수 없었다. 불을 끄고 자리에 누웠던 대중들이 조금 시간이 지나면 하나둘 일어나 우뚝우뚝 앉아 있는 모습에 가슴이 메어 옴을 느끼곤 했다.

전쟁 중의 성주사는 저 이천육백여 년 전의 부처님 영산회상에서처럼 수행정진에 철저하고 계율이 그대로 지켜진 도량이었다.

이처럼 계·정·혜 모두가 빈틈없이 실현되었던 도량에 와서 뜨겁게 정진하는 결사 대중을 보았던 신도들 가운데 출가하는 사람이 속출했다. 수행자가 주는 위의와 깊은 정진에 감명을 받았던 탓이었다.

그곳에서 정진하는 수행자들의 모습을 보는 신도들에게 저절로 발심하게 했고, 성주사 대중들이 사는 모습 자체를 보는 것만으로 환희심을 일으켜 출가를 하는 사람들이 늘어났다. 신도들을 위한 불공을 해주지 않고 오로지 정진만을 했어도 신도들의 신심은 날로 늘어났던 것이다.

당시 결사에 참여했던 묘엄 스님(봉녕사 승가대학 학장)은 당시를 이렇게 회고했다.

"인홍 스님께서 절을 맡았다는 소문이 나자 모두 모였다. 그것은 스님의 덕을 나타내는 일이었다. 그때 혜춘(慧春) 스님도 출가하러 왔다. 노스님의 도반이신 성우 스님이 공양주를 맡았고 나는 채공을 맡았다. 하루 일과를 마치고 개울가에 나가보면, 어느새 대중들이 나와 앉아 좌선을 하고 있었다. 도량

전체가 참선공부를 하는 분위기였다.

인홍 스님이 주도한 성주사 결사에서 모두 열심히 공부했고 한편 재미있고 신심있게 살았다. 당시 인홍 스님은 여러 스님들 중에서도 단연 돋보였다. 뭐든지 처리를 잘하셨고 사사로운 데 얽매이지 않고 네 상좌 내 상좌 없이 이끌어주었다. 이판사판을 겸비한 수행자였다. 한마디로 장부요, 통이 크고 대범하신 분이었다."

그러나 성주사에서의 생활은 수도에만 전념할 수 있는 평화로운 나날만은 아니었다. 하루는 점심 공양을 하다가 묵언을 깨고 인홍 스님이 대중에게 말했다.

"오늘, 공양들 많이 하시고 단단히 준비하고 있으세요. 대처승들이 온답니다."

각 절마다 대처승들과의 갈등이 끊임없을 때였다. 스님은 절을 내어놓으라고 몰려온 대처승들에게 위엄 있게 일갈했다.

"승가의 근간은 청정이요 그것을 지키는 것은 바로 계율 아닙니까? 청정을 무너뜨리고 계율을 어긴 그대들은 부처님 제자로서 부끄럽지 않습니까? 머리 깎고 독신으로 사는 수도자는 처자를 데리고 살림하지 않는 것이 전통인데 왜승들을 본

받아 사찰 안에서 대처생활을 하고 있으면서도 부끄러움을 모른 채 수도에 전념하는 청정 도량에 와서 절을 내놓으라니, 부처님 법 어디에 그런 일이 있답니까?”

인홍 스님의 말속엔 법답게 사는 수행자의 위엄이 서려 있었고 선수행의 전통을 되살리려고 노력하는 선각자의 모습이 함께 있었다. 조금도 흐트러짐 없는 분명한 눈빛과 단호한 말로 상대방을 압도하는 스님 앞에서 그들은 아무 말도 하지 못했다.

당시 그 자리에 있었던 스님의 손상좌 현각 스님은 이렇게 당시를 회고했다.

“오후가 되자 열 명 쯤 되는 대처승들이 와서 선방에 앉았다. 말씀을 얼마나 조리 있게 잘 하시는지 이 사람들이 꼼짝을 하지 못했다. 일단 그들은 부처님 법을 어겼으니 얼마든지 정의로서 말씀할 수 있지 않았겠는가. 스님의 단호한 말씀에 그 사람들이 아무 말 못하고 슬슬 물러갔다.”

“자신 하나도 다스리기 힘들었던 시절, 스님이 항상 자리를 잡으면 대중이 운집되어서 같이 공부하게 되었다. 스님을 보면 숭배심이 저절로 났다. 성주사 대중들은 깊은 인품과 통솔력이 있으며, 정진에 대한 뜨거운 원을 지니신 인홍 스님을 따르지 않을 수 없었다. 폭이 참으로 넓은 분이셨다.”

성주사에서 재무와 부전 소임을 보았던 뇌묵 스님(월정사 육수암 선원장)의 증언이다.

한국불교 비구니사에 있어서 인홍 스님의 존재는, 비구니의 존재와 위상이 미미했던 시대에 활동하면서 근현대 비구니 승가의 출가정신을 확립하고 수행전통을 세운 것으로 대변된다. ‘숭고한 출가정신을 대중들에게 심어준 대표적인 수행자였다.’는 것이 스님에 대한 일반적인 평가다.

성주사에서의 결사가 비록 몇 철로 그치고 말았으나, 인홍 스님의 60여 년의 출가생활 가운데 성주사에 머물렀던 시간들은 처음으로 정법수호의 회상을 열어 40여 명의 대중과 함께 대중결사를 시도한 시기에 해당한다.

일평생 비구니의 출가정신을 세우고 수행전통을 확립하려고 끊임없이 노력했던 과정의 첫 시도였다는 점에서 중요한 의의를 지니고 있다.

중앙승가대학 교수 본각(本覺) 스님은 성주사 결사의 의미를 이렇게 부여하고 있다.

"봉암사 결사정신을 그대로 비구니 승단으로 옮겨와서 부처님 당시로부터 면면히 이어져 온 비구니 승가의 출가정신을 회복시킨 분이 바로 인홍 선사라고 해도 지나침이 없을 것이다. 당시 대부분의 비구니들은 어떠한 삶이 참다운 비구니 승가의 모습이며 나아갈 방향인가를 정확히 알고 있지 못했다 해도 과언이 아니다. 매일 사찰에 부과된 노동을 하면서 일용의 잡사를 처리하는 고달픈 삶을 살고 있었다. 몇몇 비구니 선지식이 있었으나 비구니 전체를 추슬러서 출가정신을 고취시키고 수행만이 승가의 참모습이라는 것을 펼쳐 보일 겨를이 없었다.

인홍 선사는 성철 대종사로부터 모든 것을 배우고 또한 스스로 깨달아서 비구니의 위상을 세우는 것으로 일생의 과업을 세우신 분이다. 성주사 결사는 비구니가 출가 승단의 한 축으로서 출가자임을 천명하고 이를 구현하기 위해서는 비구니 스스로의 인식의 전환이 필요했던 시기에 실시되었던 중요한 대중결사였다."

위법망구(爲法忘軀),
진리를 위해서라면 내 육신을 생각하지 않는다

내놓아 보라!

성주사 대중이 경상남도 통영군 안정사(安靜寺) 천제굴(闡提窟)에 머물고 있던 성철 스님을 찾았다. 성주사에서 길을 떠난 대중들은 하안거 해제 전 날, 성철 스님이 머물고 있는 천제굴에 도착했다. 인홍 스님을 비롯해서 혜춘 스님, 상좌 몇 사람 그리고 신도들이 법문을 들으러 간 것이었다.

성철 스님은 묘관음사에서 동안거를 마치고 고성 문수암에서 정진한 다음, 1951년 겨울에 그곳으로 옮겨왔다.

한반도의 남쪽 통영군 벽방산이 짙푸른 바다를 바라보고 있는 곳에 위치한 안정사는 빼어난 계곡과 신라 원효 대사가 창건한 깊은 역사를 지니고 있는 고찰이었다. 성철 스님은 안정사 뒤쪽 평평한 언덕에 천제굴을 짓고 머물고 있었다.

천제굴은 기존의 사찰이 지니는 관습에 얽매이지 않겠다는 성철 스님의 의지가 담긴 이름이었다. '천제(闡提)'는 부처가 될 수 없는 존재, 불성을 갖지 않은 존재를 뜻하는 것으로 '부처가 되는 것도 바라지 않는다. 부처에 집착하는 자는 부처를 볼 수 없다.'는 가르침이 담긴 이름이기도 했다.

성철 스님은 묘관음사에서 이곳으로 옮겨와 공부를 하면서 불자들에게 가르침을 처음으로 베푼 곳이기도 하다. 그러므로 자연스럽게 수행자들은 물론 신도들이 찾아와 인생을 물었고 행복하게 사는 법을 물었다.

성철 스님은 전쟁으로 인하여 몸도 마음도 상처 입은 그들에게 불공의 참 의미를 가르쳤고 업장을 참회하여 복과 지혜를 더해 가게 하는 법을 일러주었다. 수많은 사람들이 전국에 소문난 도인을 찾았고, 성철 스님은 이들에게 혁명적이라 할 만큼 무속적인 성격을 띠고 있는 불교의식을 바꾸었다.

경전을 독송하는 것으로 천도의식을 바꾸었다. 그간 무속의 굿을 방불케 하는 의식과 유가의 제례를 모방한 천도재는 본디 불교의 의식이 아니라고 가르치고, 경전을 읽게 하고 제사를 지내는 사람의 염원과 대중의 염력으로 이고득락(離苦得樂) 왕생정토(往生淨土)를 기원하는 것을 정법이라 천명한 것이다.

인간이 업력의 장애로 고해와 육도(六道)를 윤회하는 것이고 그 고해를 해탈하는 것이 곧 불법이라고 가르친 것이다. 모든 불행은 자신이 지은 바이며 그 장애를 벗어나는 일 또한 자신이 해야 할 일이라 하고 자력 정진을 강조했다.

성철 스님은 남을 위해 기도하고 베풀기를 강조했고, 그 가르침을 게송으로 전했다.

슬프다. 뜬세상의 어리석은 이들이여.
가시를 심어놓고 신선복숭을 바라는가.
자신 위해 남 해침은 죽음의 길이요.
남을 위해 손해 봄이 참 사는 길이다.

자신을 위한 사행심은 육식(六識)의 사심이요, 남을 위한 보리심이 불자의 무량심이라는 보현행원의 가르침을 실천하도록 했고, 신도들에게 참회의 삼천 배를 하게 했다.

천제굴에 도착한 성주사 대중은 간단히 요기를 하고 선방에 앉았다. 천제굴을 찾으면 밤새 정진을 하고 다음 날 아침에 법문을 듣는 것이 불문율로 되어 있었다. 어쩌다 먼 길을 걸어온

사람들이 피곤해서 그냥 잠자리에라도 드는 날엔 쫓겨나는 것
이 상례였다.

밤새 앉아서 정진하고 난 대중들은 새벽예불을 마치고 다시
법당에 앉아 선지식을 기다렸다. 세상의 모든 소리가 멈춘 듯
적요함만이 법당을 가득 메운 가운데 선지식이 들어와 앉아 잠
시 선정에 들었다. 그리곤 곧 주장자를 들어 법상을 내리쳤다.

"쿵!"

성철 스님의 그 뚝뚝하고 시퍼런 눈길이 대중을 향했다. 온
몸에선 광채가 쏟아져 나왔다. '일러 보라.'는, '그대들 공부
의 분상을 드러내라.'는 무언의 암시였으나 대중 모두는 묵묵
히 앉아 있을 뿐이었다. 성철 스님의 눈길이 법전(法傳) 스님과
혜춘 스님에게 떨어졌다.

"일러 보라!"

입을 여는 사람은 없었다. '진리를 위해 일체를 희생하라.'
고 가르쳤던 스승의 가르침을 실천하지 못한 대중의 침묵만이
흘렀다.

"모두 마당으로 나오라!"

주장자를 내리치기엔 법당이 좁아서였을까, 대중이 모두 마
당으로 나와 앉자 성철 스님은 자신을 시봉하고 있던 법전 스

님을 내리치기 시작했다. 어깨 위며 등에 무차별하게 주장자
가 내려앉았으나 법전 스님은 미동도 하지 않았다.

법전 스님을 내리치던 매가 이번엔 혜춘 스님에게로 옮겨졌
다. 혜춘 스님 역시 소낙비처럼 내리쏟아지는 주장자를 피하
지 않았다. 손에서 피가 철철 흐르기 시작했다. 그러나 주장자
의 움직임은 멈춰지지 않았다.

"자식까지 두고 온 수행자가 그렇게 정진해서 되겠는가?"

혜춘 스님은 스승의 매를 그대로 맞고 있었고, 그 질책은 손
이 피투성이가 되는 것으로 끝나지 않았다. 성철 스님은 어린
사미니 한 사람을 불렀다.

"너, 뒷방에 가서 저 비구니의 바랑을 가지고 나오너라."

어린 사미니는 애가 타서 견딜 수가 없었다. 도망치면 될 텐
데, 가만히 앉아 매를 맞고 있는 선배 스님이 안타까웠다. 장
삼을 가지고 오라는 것은 장삼을 태우겠다는 의미였고, 그것
은 곧 하산하라는 명을 뜻했다. 수행자에게 있어 하산은 곧 사
형선고를 의미하는 것이었으니, 사미니는 더욱 바랑을 덥석
가지고 갈 수가 없었다.

"왜, 바랑이 나오지 않는 거냐?"

선지식의 목소리가 고성 벽방산을 뒤흔드는 듯했다. 그 소

리에 놀란 사미니가 뒷방 문을 여니, 잠깐 그곳에 다니러왔던 성철 스님의 모친 초연화 보살이 바랑을 내밀었다. 상황을 짐작하곤 장삼을 빼내고 다른 것을 넣어 준 것이다.

바랑이 성철 스님 앞에 놓여졌다.

"불을 질러라!"

어린 사미니는 바랑에 성냥을 그어댔다. 바랑은 바람결에 활활 타기 시작했다. 그 불꽃 앞에서 스승도 대중도 침묵했다.

성철 스님의 조도(助道) 방법은 남달랐으니, 후학들에게 내리쳤던 주장자는 분한 마음을 내서 공부하라는 무언의 가르침이요, 후학에 대한 무한한 관심과 격려였다. 하화중생(下化衆生)에의 뜨거운 원력이기도 했다. 출가 수행자가 목숨을 내놓고 공부하지 않는 것에 대한 안타까움이었다.

야단법석이 거둬지고 성철 스님이 방으로 들어가자 인홍 스님은 묵묵히 앉아 있는 혜춘 스님을 일으켜 세웠다.

"들어갑시다."

흔들리지 않고 피는 꽃이 어디 있으랴. 혹한과 비바람을 견디지 않고 향기를 뿜는 매화가 있던가.

인홍 스님은 혜춘 스님의 피투성이가 된 손등을 바라보며 생각했다. 인간의 존엄을 회복하고 생명의 존엄을 회생시키는

도의 길이 그리 쉬운 일이라면, 저 부처님께서 그토록 수많은
생을 닦았으면서도 왜 6년 동안이나 피나는 고행정진을 했겠
으며, 저 수많은 조사들과 선지식들이 헤아릴 수 없이 많은 생
을 도의 길에 바쳤겠는가.

인홍 스님은 저 멀리 거제도가 한 폭의 수채화처럼 드러나
는 천제굴 뜰 앞에 서서 성주사 결사가 시작될 즈음, 성주사로
와서 살았던 혜춘 스님을 떠올렸다.

성철 스님에게 참선법을 듣고 발심해서 성주사로 왔던 사람
중에 혜춘 스님과 철마(鐵馬) 스님이 있다. 두 사람 모두 자식
을 두고 발심, 출가한 사람들이었다. 그 가운데 혜춘 스님의
출가는 어렵게 이뤄졌다.

불법에서 삶의 의문을 풀고자 했던 그녀에게 출가는 불가피
한 것으로 다가왔으나 성철 스님은 쉽게 허락하지 않았다. 그
래도 고집을 꺾지 않자 성철 스님은 그녀를 인홍 스님이 있는
성주사로 보냈던 것이다.

인홍 스님은 어느 날 다음과 같은 성철 스님의 전갈을 받았다.

"사람 하나 보내니 도량엔 받아들이되 선방엔 들이지 마시
오."

변호사 집안의 딸로 성장했고 시아버지가 도지사였던 혜춘 스님은 그간 향유했던 명예와 부를 버리고 하심의 자세로 성주사로 왔고, 인홍 스님은 성철 스님의 명을 받아들여 그녀를 법당 밖에 앉혔다.

혜춘 스님은 삭발하지 못한 채 법당 추녀 밑에 거적을 깔고 앉아 화두를 들었다. 대중들이 법당에서 예불을 드릴 때도 들어갈 수 없었고 선방에서 입선할 때도 마찬가지였다. 그녀의 법당과 선방은 추녀 밑 볕이 들지 않는 음습하고 추운 거적 위였다. 여름엔 습기가 차서 습병(濕病)이 들었으나 그 무엇도 그녀의 출가에의 의지를 막지는 못했다.

그녀는 철저히 마음을 아래로 아래로 내렸다. 대중의 발 아래로 머리를 조아렸고 세상사 모든 것을 뒤로했다. 부엌에 앉아 꽁보리밥에 소금에 절인 김치 조각 하나 놓고 밥을 먹었다. 몸집이 좋고 다식(多食)을 했던 혜춘 스님은 채공 소임자에게 부탁하곤 했다.

"이 거지에게 밥을 좀 더 주시오."

그러나 성주사 후원의 책임자는 결코 그녀에게 밥을 더 주는 일은 없었다. 인홍 스님도 아는 척하지 않았다. 그렇게 혹독하게 두어 달을 보내고 나자 성철 스님은 혜춘 스님의 출가를 허락했고 비로소 해인사 약수암에서 창호(彰浩) 스님을 은사로 삭발했던 것이다.

삭발하고 얼마 되지 않아 인홍 스님과 함께 성철 스님에게 왔다가 그렇듯 혹독한 경책을 당한 것이었다.

그로부터 40여 년 후인 1993년에 성철 스님이 열반에 들었을 때, 혜춘 스님은 성주사 법당 밑에서 거적을 깔아놓고 앉아 있었던 것처럼 해인사 한 귀퉁이에 거적을 깔아놓고 스승의 삶과 가르침을 돌아보는 듯 한없이 앉아 있었다. 낙엽 떨어진 스산한 늦가을 날, 거적 옆에 벗어 놓았던 다 떨어진 털신 한 켤레와 함께 처연히 앉아있던 혜춘 스님의 모습은 아직도 많은 사람들의 뇌리에 남아있다.

혜춘 스님은 인홍 스님보다 십여 년 정도 아래였으나 돈독한 도반이 되었다. 그 후 홍제사에서 함께 수행했고, 한국불교 정화에도 함께 참여해 비구니 위상을 높이는 데도 일익을 담당했다.

인홍 스님이 홍제사를 떠나 석남사로 와서 선원을 열었을 때 입승 소임을 보면서 수행을 게을리 하지 않았다. 1971년 석남사 3년 결사 회향 때까지 10여 년 동안 입승으로 있으면서 인홍 스님과 함께 수행했던 혜춘 스님은 결사 이후 석남사를 떠나 해인사에 보현암이라는 암자를 지어 선원을 열고 많은 후학들을 이끌어 경책했다.

천제굴의 성철 스님과 법전 스님

천제굴 앞마당에서 혜춘 스님의 바랑이 태워지던 날, 온 대중을 대신해서 주장자 세례를 받았던 법전 스님을, 인홍 스님은 천제굴에 갈 때마다 부럽게 바라보았다. 스승과 제자가 빚어내는 수행 정진의 나날들은 그 자체로 아름다움 그것이었다.

법전 스님이 스승 성철 스님을 모시고 안정사 천제굴에서 살 때, 스승에 대한 시봉은 지극한 것이었다. 나무하고 밭을 매고 살림을 살면서 공부하고 있던 법전 스님의 스승에 대한 신의와 존경은 누구도 따를 바 없어 보였다.

법전 스님은 광목장삼을 차려입은 채 벽방산의 높은 재를 넘어 장을 보아다 스승의 공양을 준비했다. 몸이 허약한 스승을 위해 약을 달이는 것에도 그 정성과 솜씨가 빼어났다. 질풍노도와 같은 격렬함으로 후학들을 경책했고 성격이 불같았던 스승의 꾸중을 단 한 번도 듣지 않을 만큼 이치에 밝고 민첩하며 성실하기 그지없던 법전 스님이었다.

저녁예불을 하면서 스승과 제자 두 사람이 108배를 하고 있는 모습도 조촐하지만 장엄했다. 함께 살면서도 그들은 말이 없었다. 제자는 오로지 스승을 시봉하고 살림을 하면서 참선 공부만 할 뿐이었고, 스승은 스승대로 일상에서 부처님 법대로 하루 스물네 시간 사는 것을 보여줄 뿐이었다.

어둠이 암자에 스며든 저녁, 공양간의 남포불 아래에서 상을 놓고 두 사람이 앉아 묵묵히 저녁 공양을 하던 모습도 인홍 스님에겐 한도인(閑道人)의 가풍으로 다가왔다.

어느 것 하나에 곁눈질함이 없이 스승이 가리킨 참선 공부의 길을 한 치의 의심 없이 걸어가는 법전 스님의 모습을 보면서 스승은 어떤 존재여야 하며 제자는 무엇을 배우고 실천해야 하는지를 깨우쳤다.

스님은 스승과 제자인 두 사람의 모습을 보면서 불법이 부처님에서 마하가섭 존자에게로, 저 초조(初祖) 달마(達磨)에서 혜가(慧可)에게로, 혜가에게서 승찬(僧璨)으로, 승찬에게서 도신(道信)으로, 도신에게서 홍인(弘忍)으로, 홍인에게서 육조(六祖) 혜능(慧能)으로 전해진 까닭을 이해할 수 있을 것 같았다. 사제 간에 교감되는 저 순수함, 저 충직함, 저 무념무상의 언행 때문이었을 거라고 실감했다.

그로부터 30여 년 후인 1981년, 당시 사십대 초반의 스승은 한국불교의 상징인 대한불교조계종 제7대 종정으로 취임했고, 1991년 제8대 종정으로 재추대되었다.

또한 당시 이십대 중반의 제자는 스승이 열반한 지 10여 년 뒤 2002년, 대한불교조계종 제11대 종정으로 취임했고, 2007년 제 12대 종정으로 재추대되어 스승이 머물던 해인사 퇴설당에 살고 있다.

"인홍·성우·묘찬 스님이 백련암 노장님 회하에서 지도를 받으며 공부한 비구니 스님들이다. 성철 노장님께서 안정사에 계실 때 무슨 일을 하시려면 비구 스님 몇 사람과 인홍·성우·묘찬 스님을 불러 의논하셨다. 인홍 스님은 사람을 잘 다스리는 지도자적인 측면이 많은 분이었다. 대중을 많이 거느리면서도 참선을 끝까지 주장하시다가 가신 분이다. 대중에게 참선 공부 하라고 노래를 하셨으니 그런 분이 드물다. 불사를 많이 하고 대중을 거느리다 보면 자신의 공부를 등한히 하기 쉬운데 일평생 참선을 하면서 대중들에게 참선을 주장했으니 선사(禪師)라 불러 마땅하다."

현 조계종 종정인 법전 스님의 증언이다.

천성산 조계암과 오대산 지장암에서

천성산 조계암 정진

인홍 스님이 1949년에 오대산 월정사 지장암에서 나와 1957년, 경상남도 울주군 석남사에 머물기까지는 오로지 일념으로 정진에 힘을 쏟던 시기였다. 마산 성주사에서 대중과 함께 정진하던 인홍 스님이 그곳을 내놓고 오로지 일념으로 공부하기 위해 홀로 조용히 공부할 마땅한 장소를 찾고 있다가 발견한 곳이 경상남도 양산군 하북면 천성산에 있는 조계암이었다.

조계암은 천성산 품속에 깊이 들어가 앉은 아름다운 암자였다. 천성산에는 내원사가 있고 그에 딸린 암자로 조계암, 안적암, 성불암 등이 있으나 조계암은 그 가운데서도 천성산 가장 깊숙한 곳에 자리 잡고 있었다.

대중이 모두 흩어지고 공양주 한 사람만을 데리고 조계암으로 갔을 때, 그곳에는 성수(性壽) 스님(현 조계종 원로의원)이 홀로 공부하고 있었다.

성수 스님은 그곳에 한 해 정도 있으면서 땔나무만 준비해 놓은 채, 사흘에 한 번 밥을 해놓고는 하루 한 끼만 밥을 먹으면서 잠을 자지 않고 장좌불와를 하고 있었다. 밭농사를 짓기 위해 호미를 들지 않고 암자 주위에 무성하게 올라오는 잡풀들만 정리하면서 살고 있었다. 밭농사를 짓지 않으니 채소가 상에 오르는 법이 없었다.

인홍 스님이 도착해 보니, 한 끼 김 석 장에 참기름을 조금 넣은 간장이 반찬의 전부였다. 일 년 동안 목욕도 하지 않고 청소도 한 번 하지 않은 채 참선만 하던 중이었다. 밖에 나갈 때 신발도 신지 않던 수행자였다.

스님이 그런 성수 스님에게 양해를 구했다.

"이곳에 머물며 공부를 좀 해도 되겠습니까?"

생면부지 스물여섯 살의 비구에게 스님은 정중히 물었다.

"저는 사흘에 한 끼씩 먹고 살면서 등을 방바닥에 붙이지 않고 공부만 하고 있습니다. 그렇게 하시겠습니까?"

"좋습니다. 저도 그렇게 하겠습니다."

인홍 스님의 나이 마흔 넷, 출가한 지 꼭 십 년이 되던 해였다. 공부를 한 번 마음껏 하고 싶었던 스님이었다. 일 년 삼백 육십오일, 하루 스물네 시간, 오로지 화두에만 몰입하고 싶었다. 대중과 함께 있으면서 먹을 것과 입을 것을 마련해서 그들을 공부할 수 있게 하고, 법당에 비바람이 새면 그것을 수리해야 하는 일을 쉬고, 오로지 스물네 시간 공부에 몰입하고 싶은 일념이었다.

열아홉에 출가해서 7년째, 목숨을 바친 듯 정진하고 있는 성수 스님의 모습을 바라보면서 인홍 스님은 많은 것을 느꼈다. 성수 스님은 출가해서 사흘 만에 《초발심자경문》, 즉 〈계초심학입문〉과 〈발심수행장〉, 〈자경문〉 모두를 다 외워서 스승에게 바치고, 다시 49일 만에 《초발심자경문》 십만 독 기도를 한 다음 스승과 함께 강원도 정암사 적멸보궁으로 가서 1백 일 동안 절 기도를 했다. 그리곤 처음 스승을 만나 《초발심자경문》 십만 독을 했던 조계암에 들어와 정진중이라고 했다.

'사람 노릇 하려고 하면 공부는 못한다. 세상에 쓸모없는 사람이 되어야 공부할 수 있다.' 는 스승 성철 스님의 말을 떠올렸다. 일대 낙오자, 인홍 스님은 한 철만이라도 철저히 대도를 성취하기 위한 낙오자가 되고 싶었다.

정진하는 동안 인홍 스님은 등을 바닥에 붙이지 않았다. 손도 하나 까닥하지 않고 앉아 있었다. 성수 스님도 마찬가지였다. 그들에겐 말이 필요 없었다. 공양을 하는 시간에도 서로 묵묵했을 뿐이었다.

스님의 성격이 본디 담대했으므로 비구, 비구니가 함께 있는 것에 대한 세상 사람들의 눈치를 보는 경계에서 벗어난 지는 오래였다. 생사가 급한 수행자의 본본사 앞에서 그러한 분별은 허언(虛言)에 불과했다.

그 후 태백산 홍제사 도솔암에서도 일타(一陀) 스님과 함께 공부를 했고, 나이 예순 살이 넘어 칠불암, 도성암 등에서도 비구들과 함께 정진했다.

인홍 스님은 마음을 가다듬고 자리에 앉았다. 다시 눈에서, 마음에서 모든 것이 사라지기 시작했다. 윗목에 앉아 정진하는 성수 스님도 보이지 않기 시작했다. 공양시간을 알리는 공양주의 목탁소리도 들리지 않았다. 천성산의 바람소리도 멈춘 듯 귀에서 사라졌다.

그렇게 내원사 조계암에서 백 일 동안 꼬박 잠을 자지 않고 장좌불와를 하면서 화두에 몰입한 시간을 보냈다. 참으로 귀한 시간들이었다.

무념이라 함은 모든 곳에서 무심함이니, 모든 경계가 없으며 생각과 구함이 없는 것이다. 모든 경계와 물건을 대하여도 일었다 꺼지는 움직임이 전혀 없는 것이 무념이니, 무념이란 곧 진여(眞如)의 바른 생각이다. 만약 일체 처에 무심한 무념을 떠나서 보리·해탈과 열반·적멸과 선정·견성을 체득하려면 될 수 없다.

— 〈돈오요문(頓悟要門)〉 —

바깥으로 온갖 반연을 쉬고 안으로 마음에 헐떡임이 없어서, 마음이 담장 같아야만 큰 도에 바로 들어갈 수 있다.

— 달마(達磨, ? ~ 528 ?) —

도를 성취한 선지식들의 가르침이 사무치게 다가왔던 시간들이었다.

그러나 세상의 어수선함으로 인해 일념으로 정진할 수 있는 시간이 오래가지 못했다. 오로지 공부만 할 시절인연이 일렀는지 모르겠다. 몇 달 후에 도반인 성우 스님과 성주사에서 함께 보냈던 현각·현묵 스님들이 찾아온 것이다.

그리고 밖에는 아직 전쟁이 끝나지 않았으므로 공비들이

심심찮게 조계암을 방문하는 것이었다. 다른 암자는 모두 비어 있었으므로 그들의 발걸음이 조계암을 더 자주 방문했던 것이다.

성수 스님이 홀로 정진할 때는 공비들이 방문을 했어도 농사도 짓지 않고 정진만 하고 있었으므로 가지고 갈 게 없어서 왔다가도 그냥 가곤 했다. 그러나 여러 대중들이 모여 살자 다시 공비들이 내려와 가지고 갈 것을 요구하기 시작했다.

공비들이 수시로 조계암에 내려와 식량을 요구했다. 인홍 스님은 그들이 오면 나가서 말하곤 했다.

"아니, 다녀간 지 얼마나 되었다고 또 왔습니까?"

전쟁의 잔재가 있는 곳에서 수도하기란 용이한 일이 아니었다. 스님은 봉암사 백련암에서 견디지 못하고 나왔던 것처럼 다시 바랑을 걸머지고 나오지 않을 수 없었다.

당시 조계암 정진에 합류했던 인홍 스님의 손상좌 현각 스님의 증언이다.

"우리가 가니까 인홍 스님, 성수 스님, 공양주 보살 이렇게 세 분이 계셨다. 거의 주무시지 않고 정진하고 계셨다. 현묵 스님과 나는 공양주를 하면서 두 분을 따라 정진했다. 성수 스님과 인홍 스님 두 분은 밤새워 정진하셨고 우리도 새벽 3시에 일어나 밤 12시가 되기 전엔 절대 잠을 자지 않고 정진했다.

풀을 먹인 장삼을 입고 계시던 두 분과 함께 정진하고 있노라면 부스럭거리는 소리가 나곤 했다. 수마가 덮쳐 있었던 것이다.

스님은 계속 그곳에 있으면서 공부하고 싶어 하셨다. 발에는 무좀이 심해서 걷는 것도 불편한 지경이었는데도 공부를 더 하기를 원하셨다. 그러나 나와 현묵 스님은 전쟁 중의 공비들이 두려워서 산을 내려오고 싶었다. 그러는 우리들 모습을 보곤 '그래, 내일 내려가자.' 하셔서 그 말씀을 듣고 보따리를 싸놓으면, 다음날 날이 밝으면 선방에서 나오시지 않는 것이었다. 그러면 다시 밥을 해서 먹고 또 자고 그런 날이 계속되었다.

그러다가 상황을 탐색하려고 마을로 내려가셨던 성수 스님이 올라와 '빨리 내려가자, 인민군들이 들이닥친단다.'는 이야기를 전하자, 스님은 비로소 방에서 가부좌를 풀고 나오셨다. 그렇게 스님은 억지로 조계암을 내려오셨다."

조계암에서 함께 정진했던 성수 스님은 인홍 스님을 이렇게 추억했다.

"나는 윗목에 앉았고 인홍 스님은 아랫목에 앉았으며 노인은 공양주실에 있었다. 하루 한 끼씩 먹으면서, 백 일 동안 함께 선방에서 장좌불와를 했다. 목을 베어 놓은 심정으로 앉아 있었으니, 네 걱정 내 걱정 할 여가가 없었다.

인홍 스님은 성품이 대범하고 강직했으며 오로지 공부에만 전념했다. 서로 부담이나 피해를 주지 않고 한 철 동안 잘 살았다. 강한 경상도 말을 하셨고 기개가 남달라 보였다. 많은 대중을 이끈다는 것이 어려운 일인데 나중에 석남사 회상을 열어 끌고 가시는 것을 보고 역시 원력과 기개가 남다르다고 생각했다."

온 국토를 강타해 초토화를 시킨 전쟁은 수행자들에게 오랫동안 어느 한 곳에 발을 붙이고 공부할 수 없게 만들었다. 인홍 스님은 다시 발걸음을 오대산으로 옮겼다. 현묵 스님과 도용 스님을 데리고서였다.

월정사는 폐허가 되어 있었다. 월정사와 지장암은 불타버렸고 산중의 어른이던 한암 스님도 열반하고 없는 오대산은 적

막하기 그지없었다. 스님은 생자필멸(生者必滅)과 회자정리(會
者定離)의 진리 앞에서 서글픈 마음을 거두고 지장암에 짐을
풀고 정리를 하기 시작했다. 전쟁이 나기 직전 떠났던 지장암
엔 아무 것도 남아 있지 않았다.

불에 탄 판자를 거둬다가 방이 하나짜리인 판잣집을 얼기설
기 짓고 들어앉았으나 겨울이 오고 첫눈이 내리자 방으로 눈
이 스며들기 시작했다. 겨울이면 추위가 남다른 지장암이었으
니 판잣집에서 겨울을 날 수가 없었다.

"아무래도 안 되겠다. 서대(西臺)로 가서 공부를 해야겠구
나."

월정사 산내 암자인 서대에서 인홍 스님을 시봉하면서 한
철을 보낸 현묵 스님(현 석남사 선원 유나)의 회고를 들어보면
전쟁 중에도 스님이 얼마나 공부를 하려고 애를 썼으며 한편,
수행 환경이 얼마나 곤고했는지 알 수 있다.

"쌀 한 말과 석유기름 한 초롱 등을 준비해서 한 짐씩 지고
올라가니 비구 스님들이 가을까지 살다가 내려가고 서대는 텅
비어 있었다. 김장을 하려고 했는지 배추도 들여놓은 게 있고
강냉이, 된장·간장도 제법 있었다. 올라가자마자 나와 도용

스님은 시래기를 삶아놓고 방을 치우고 바깥에 쌓아놓은 나무를 헛간에 들여놓았다.

인홍 노스님은 방에 부처님을 모셔놓고 법당을 정리하셨다. 첫날 저녁을 해먹고 웬만큼 정리하고 나니 8시쯤 되었다. 우리는 몸이 고단해서 졸고 있는데, 스님은 다시 정좌하고 계셨다. 만감이 교차하신 모습이었다. 노스님은 추운 겨울 한 철 내내 정진에 애쓰셨다.

서대에서 한 철을 살고 다시 노스님은 태백산 정암사로 가셨다. 비구 스님의 거처인 서대에 오래 살 수 없기 때문이었다. 한 달 후에 우리가 정암사로 가니 스님께서, ‘여기서는 살기 힘들다. 홍제사가 좋다고 하니 그리로 가자.’ 하시곤 홍제사로 데리고 가셨다.”

태백산 홍제사에서

홍제사로 오다

이제 몸으로조차 불신에 이르도록

굳게 금계를 지켜서 훼범하지 않겠사오니

오직 원컨대 모든 부처님은 증명을 지으소서.

차라리 신명을 버릴지라도 마침내 물러나지 않으리라.

自從今身至佛身

堅持戒禁不毁犯

唯願諸佛作證明

寧捨身命終不退

가을이 깊어 갈 무렵, 인홍 스님은 새로 들어온 행자의 종송(鍾頌)을 들으면서 법당에 앉아 있었다.

'차라리 신명을 버릴지라도 마침내 물러나지 않으리라.
물러서지 않으리라.'

행자의 단아한 뒷모습을 바라보면서 인홍 스님은 오대산으로 입산해서 처음 저 종성을 듣던 때를 기억했다. 몸은 고되었지만 얼마나 마음은 날아갈 듯 기쁨으로 차올랐던가.

1954년 초봄, 인홍 스님은 도반인 성우·혜춘 스님, 상좌인 철마·묘경 스님 등과 함께 경상북도 봉화군 소천면에 위치한 홍제사(弘濟寺)로 들어왔다.

홍제사에서 바라본 태백산 줄기가 얼마나 장엄하고 든든하게 느껴졌던지 대중들에게 이렇게 말했다.

"우리, 여기서 한 10년 동안 살면서 공부에만 전념합시다."

홍제사에서도 성주사에서와 마찬가지로 〈능엄주〉와 대참회로 예불을 하고, 선원에서의 모든 규칙 또한 성주사 결사에서 실현했던 것을 따랐다.

온 대중이 거의 잠을 자지 않고 정진하면서 '이번 안거가 마

지막이다.'라고 생각했고, 인홍 스님 자신도 '오십을 넘기기
전에 홍제사에서 일대사를 해결하리라.' 다짐하면서 정진하
고 있었다. '내일은 없다.'는 마음으로 정진한 그들이었다.

출가의 길에 있어 도반은 스승이자 선지식이며, 힘을 실어
주는 길잡이기도 하다.

인홍 스님의 도반으로는 성문(性文, 해인사 삼선암)·정행(淨
行, 해인사 삼선암)·성우(惺牛)·혜해(慧海, 경주 홍륜사)·수옥
(守玉, 양산 내원사)·법일(法一, 지리산 대원사)·장일(長一, 동화
사 내원암)·묘전(수원 봉녕사)·혜춘(慧春, 해인사 보현암) 스님
등이 있다. 일제 강점과 전쟁 등 안팎으로 어려운 시대를 함께
지내면서 신심과 원력을 잃지 않고 수행 정진하면서 비구니
회상을 이루고 대중 수호를 하며 이 시대에 많은 공로를 세운
원로 비구니들이었다.

홍제사에서 함께 정진했던 도반은 성우 스님과 장일 스님,
혜춘 스님이었다. 이들은 훗날 스님이 석남사 회상을 만들어
선원을 개원하고 1968년에 3년 결사를 시작했을 때도 산문 밖
을 나서지 않고 용맹정진을 함께 했던 도반들이었다.

1954년 겨울에 시작된 불교정화로 인해 서울로 올라갈 때까
지 오로지 수행 정진에만 힘을 쏟았던 홍제사 시절을 훗날 인

홍 스님은 '때로는 내가 공양주를 하면서 다른 대중들은 감자를 캐고 나물을 뜯고 또 정진하곤 했던 나날들은 한가로움과 치열한 정진이 함께 했던 시기였다.'라고 회고했다.

함께 했던 대중들도 한결같이 '여법하게 수행자의 위의를 지켜가면서도 수행만을 오로지 했던 시절이었다.'고 기억했다.

"설법이나 그 밖의 모든 정진을 아무리 잘한다고 해도 잠들었을 때 캄캄하면 이는 전적으로 제6식(第六識) 속에서의 사량분별인 알음알이며 사견이지 실지 깨달음은 아니다. 그러므로 수도하는 사람은 양심에 비추어 크게 반성해 보아야 한다.

오매일여(寤寐一如)의 경지에 도달하지 못하고서 돈오견성(頓悟見性)을 자부한다면 이는 자신을 그르치고 남까지 그르치는 커다란 죄과를 짓는 것으로, 수도하는 과정에 있어서 무서운 병통이며 장애이다. 화두를 놓치면 살아 있어도 송장과 같다."

인홍 스님은 성철 선사의 이러한 법문을 가슴에 새기며 공부에 매진했고, '오매일여를 넘어 내외명철 구경묘각까지'에 이르도록 노력해야 함을 잊지 않고 정진했다.

석남사로 가기 전까지 홍제사에서 3년 동안 머물렀는데, 그곳에서의 시간들은 '일대사를 해결하리라.' 결심하고 사력을 다했던 시절이었다.

"가을걷이를 하는데 콩이며 팥 농사를 스님께서 다 하셨다. 우리를 데리고 일을 하시면서도 내내 법문을 하시곤 했는데 그 가운데서도 육도윤회에 대한 법문을 많이 하셨다. 공부를 해서 육도윤회에서 벗어나고 생사를 초월해야 한다는 말씀이셨다. 그래서 스님 방엔 언제나 육도윤회를 설명한 종이쪽이 여러 개 있곤 했다.

겨울에도 옹달샘에서 물을 떠다 먹었으며 잿물을 내려서 비누를 만들어 쓰고 얼음구멍을 뚫고 빨래를 하면서 살았다. 스님께선 새로 온 행자들이 사미니계를 받으면 반드시 성철 큰스님께 데리고 가서 화두를 받게 했다. 화두를 받으러 가기 전 사미니들은 3만 배 혹은 5만 배씩을 하고 가게 하셨다. 따로 절을 할 방이 없어 어른 스님들이 참선하고 계시던 방에서 땀을 뻘뻘 흘리며 5만 배를 했던 기억이 난다."

1954년 가을, 동안거 결제를 앞두고 홍제사에서 출가한 법희 스님의 증언이다.

육남매의 출가

인홍 스님이 홍제사에 들어온 지 한 해 쯤 후, 그 곳에 갑자기 다섯 식구가 불어났다. 어머니와 딸 넷 그리고 아들 하나가 출가를 하러 온 것이다.

사미니계를 받은 법희·현묵 스님을 데리고 화두를 받게 하기 위해 안정사에 갔을 때, 성철 스님이 '저 식구들을 홍제사로 데리고 가시오.' 해서 두말없이 여섯 식구를 데리고 돌아온 것이다.

갑자기 운명을 달리한 남편의 49재를 지내러 간 안정사 천제굴에서 중학교 2학년인 큰아들(천제 스님)이 성철 스님을 의지해서 출가를 선언한 데다, 곧바로 큰딸마저 출가의 뜻을 비치자, 어머니가 나머지 식구를 데리고 출가를 결심, 성철 스님을 찾아간 것이었다.

출가를 결심하기 전, 어머니가 가족 모두에게 출가의 뜻을 물었더니 어린 아이들조차 모두 그렇게 하겠다고 대답했다고 했다.

스님은 그들이 온 일주일 후 열었던 보살계 산림에서 그들의 어머니에게 율사인 자운 스님으로부터 성종이라는 법명을 받게 했다. 그리곤 자신을 은사로 하여 출가시키려 했으나 예기치 않은 병을 얻어 삭발 출가하기도 전에 세상을 떠나고 말았다.

인홍 스님은 큰딸 혜근을 자신의 맏상좌인 묘경을 은사로 출가하게 했고, 둘째 딸인 적조를 자신의 도반인 성우를 은사로 해서 출가를 시켰다. 셋째 딸인 보명도 함께 출가했다.

그리고 막내인 본각이 네 살, 다섯 째인 삼소가 일곱 살이었다. 쪽마루에 앉아 놀고 있는 아이들에게 홍제사 대중들이 지나가면서 물었다.

"너희들 어디서, 뭐 하러 왔니?"

"부처되려고 왔지 뭐 하러 와요? 성불하러 왔지요."

인홍 스님은 그들 가족에게서 깊은 선근을 읽었다.

한 번은 스님의 친척 아이 하나가 홍제사에 와서 삼소와 놀다가 쥐를 한 마리 잡아 담장 밑에 놓았다. 대중들이 삼소가 한 것으로 알고 꾸중을 하자, 일곱 살의 삼소가 '쥐가 죽은 것을 보는 눈은 있어도 쥐를 죽인 사람을 보는 눈은 없는가배?'라고 말해서 홍제사 대중들을 미소 짓게 하기도 했으니, 불연이 깊은 가족이었다.

일곱 식구 모두가 출가를 단행했으니 불가와의 보통 인연이었겠는가.

어머니와 누나들이 있는 데도 방에 들어 앉아 떨어진 옷고름을 스스로 깁는 삼소를 보고 인홍 스님은, 한 가족 모두가 전생에 수행자였음이 틀림없다고 생각지 않을 수 없었다.

삼소는 나중에 강원에 다니면서 《초발심자경문》을 읽을 무렵, 한자로 쓴 안부 편지를 보내왔는데, 스님이 그 편지를 보고 '역시 남다르다.'고 몹시 칭찬을 했다고 한다.

막내인 본각은 홍제사에 있다가 곧 인홍 스님의 사제인 육년(六年) 스님에게 갔다. 선방에서 어린아이를 키울 수 없었으므로, 전쟁으로 인해 부모를 잃은 아이들을 돌보고 있던 인천 부용암의 사제에게 부탁을 한 것이었다. 십여 년 후, 인홍 스님은 본각을 석남사로 오게 해서 공부를 시켰다. 이때 불필 스님이 국어를, 법용 스님이 자연을, 혜주 스님이 산수를, 백졸 스님이 주산(주판)과 붓글씨를, 적조 스님이 《치문》을 가르쳤고, 인홍 스님은 어린 본각에게 수행자로서 갖추어야 할 위의와 출가정신을 가르쳤다.

홍제사에서 행자시절을 보내고 평생을 선객으로 산 혜근 스

1955년 봄, 홍제사. 인홍 스님이 '쉰 살이 넘기 전에 일대사를 해마치리라'는 각오로 정진
에 박차를 가했던 곳이다.

님은 그 시절을 이렇게 회고한다.

"1955년 2월, 스물한 살 때 홍제사로 갔다. 봉화는 감자나 옥수수 등 잡곡만 생산되어서 인홍 노스님은 부산으로 가서 쌀을 탁발해오셨다. 그렇게 살기 어려웠으나 스님은 선방을 잘 외호하고 계셨다. 당시, 인홍 노스님을 비롯, 성우·혜춘·철마 스님 등 열다섯 분이 상주하면서 정진을 하고 계셨다. 정진을 할 때는 마주 앉아 주장자를 놓고 조금만 졸아도 서로 경책해 주었다.

행자인 우리들은 네 시간밖에 잠을 자지 못했다. 각 방이 없어 행자들도 선방에 앉아 있어야 했다. 노스님은 물론 성우·혜춘·철마 스님 등 어른 스님들은 누워 주무시는 것을 보지 못했다. 고단한 우리들은 네 시간을 자고 새벽 세 시에 일어나 보면 주무시지 않고 계셨다.

그때 인홍 노스님은 마흔 여덟이셨는데 아주 열심히 공부하고 계셨다. 시간도 너무 정확하게 지키셨다. 어른 스님들이 그렇게 열심히 잠을 안 자고 정진하셨으므로 우리도 졸지 않으려고 애쓰다가 그만 뒤로 쿵— 하고 넘어지는 일이 다반사였다."

당시 네 살의 어린아이였던 막내 본각 스님은 석남사에서 사미니계를 받고 동국대학교와 일본에서 공부하고 돌아와 중앙승가대학교 초대 비구니 교수가 되었다.

성철 스님의 맏상좌가 되어 스승을 지극히 시봉했던 천제(闡提) 스님을 비롯해서 혜근·적조·보명 스님 등 여섯 남매 모두가 반세기가 지난 지금까지 출가의 길을 빈틈없이 가고 있으니, 홍제사 회상은 그렇게 불연이 깊은 여섯 남매가 인연을 맺은 곳이기도 했다.

한국불교 정화의 한가운데서

정화 속의 인홍 스님

한국 비구니사에서 불교정화운동이 차지하는 비중은 매우 크다. 정화운동에 참여한 비구니들의 활동으로 인해 비구니의 위상이 확립된 것을 무시할 수 없기 때문이다.

한국불교 정화는 1954년 5월 당시 이승만 대통령의 불교정화 유시에 의해 촉발된 1954년~1970년 당시 불교계의 주요활동을 지칭한다. 그러나 협의로는 조계종단 내에서 대처승을 불교계율과 한국불교의 전통에서 어긋난 것으로 인식하고 그 대처승을 사찰에서 축출, 혹은 승려의 자격을 부정했던 일련의 사건을 가리키나 이념적으로는 일제 잔재청산을 통한 한국불교의 정통성 회복과 그 과정에서 나타난 청정계율 수호를 통한 교단 내부의 개혁운동을 말한다.

교단정화 운동과 인홍 스님이 참여한 한국 현대불교에 있어서의 정화운동은 일제하 식민지 불교의 유산인 대처승을 척결하려는 수좌들의 의식에서 시작되었다.

정화의 내용은 대처승 배제, 수좌와 비구승의 배려, 비구승 중심의 교단 수립, 한국불교의 전통 수립, 계율수호였다. 1954년 5월 이후 불교정화의 대외명분은 대처승 배제와 수좌(비구)의 종단(사찰) 주도였다.

'쉰 살 안에 일대사를 해결하리라.' 다짐하고 맹렬히 정진하고 있던 인홍 스님이 홍제사를 잠시 떠나온 것은 1954년에 일어난 정화운동 때문이었다.

모든 역사의 성장과 발전에는 앞선 세대들의 희생과 고뇌와 헌신이 뒤따르듯, 불교의 역사 또한 마찬가지였다. 특히 인홍 스님이 출가해서 왕성하게 활동했던 시기는 불교의 자주화와 교단 개혁시기(1945~1962), 대한불교조계종의 성립과 발전시기(1962~1999)에 해당했으므로, 이(理)와 사(事)에 두루 능하고 한국불교 근현대의 역사를 가로 질러온 산중인인 인홍 스님이 조계종단의 성장과 발전에 헌신하지 않을 수 없는 일이었다.

효봉·청담 스님 등 당대 선지식들이 앞장서 대처승 정화운

동을 시작하면서 정화에 앞장 설 중요한 전국의 승려들을 서
울로 불러 모으고 있었다. 비구니계에서 지도자가 될 만한 사
람으로는 인홍 스님을 비롯해서 수옥 스님과 법일 스님 등을
불러 올렸고, 그밖에 많은 비구니들이 정화에 참여하러 속속
서울로 몰려들었다.

비구니 위상의 초석을 놓은 불교정화운동

"총무원 간부 여러분 및 대중 스님들! 우리가 오늘 이 자리
에 온 것은 일제 식민지 치하에서 유린된 조선불교를 되살리
고자 함입니다. 청정해야 할 불법 문중에 막행막식으로 종권
을 농락하고 교단의 질서를 혼탁하게 하는 훼법 분자들을 일
소하기 위해 호법정화운동에 함께 매진합시다."

정화의 선봉장이었던 청담 스님(전 조계종 종정)은 정화의
필연성과 당위성을 설했다.

"모든 종교사는 종교 본연의 근본을 좀먹는 비본질적인 요

소와 대결하여 싸우는 역사입니다. 비본질적인 요소는 우선 교단의 토대인 계율에 도전합니다. 교단의 정화운동은 본연을 제외한 모든 비본질적인 요소들의 도전을 받고 계율의 순수를 고수하려는 데서 출발합니다. 교단정화는 이런 점에서 투쟁을 통해 완성될 수 있는 것입니다. 억불숭유의 오백 년을 지나 일제의 침략 아래서 우리 교단은 대처를 용인해 승단의 질서인 계율을 무너뜨리는 훼법을 당해왔습니다. 이제 한국 고유의 승풍과 불조의 혜명을 잇기 위해 비구승들이 사찰을 지켜야 하며 처자 있는 승려들은 사찰 밖으로 물러나야 합니다."

서울 안국동 선학원에서 정화운동을 추진하기 위한 모든 준비를 하던 비구측은 보다 본격적인 정화를 시행하기 위해 새로운 행보를 시작하면서 비구니들을 참여시켰다.

1954년 11월 제2회 임시종회에서 인홍 스님은 비구니 종회의원으로 선출되었다. 금광·수옥·연진·혜운·자호·묘전·묘찬·혜춘 스님 등과 함께 선출된 스님은 비구들과 함께 전국승려대회 준비를 하는 등 정화운동에 뛰어들지 않을 수 없었다.

1955년 정화가 끝날 때까지 홍제사를 오르내리면서 서울에

1954년 2월 12일 조계사 대웅전 앞. 제3회 전국 비구 · 비구니 대회가 열리자 수많은 대중
이 운집했다.

머물렀던 인홍 스님은 정화운동 속에서 유감없이 지도력을 발휘했다. 200여 명이 모인 비구니들에게 108대참회를 하도록 한 것이다. 굳은 신념과 기개가 아니면 어려운 일이었다.

당시만 해도 108대참회를 하는 도량이 극히 드물었던 때여서 스님이 아니면 실천하기 어려운 일이었다. 반발하는 대중도 있었으나 밀고 나갔다. 하루의 일과가 끝나고 저녁예불 후에는 반드시 대참회를 하고서 예불을 마쳤다.

참회하고 또 참회할 일 아닌가. 같은 불교인끼리 화합하지 못하고 분쟁하는 것도 참회할 일이며, 대한민국 불교의 염원인 청정승가의 확립에 대한 발원은 먼저 참회가 우선되어져야 한다는 것이 인홍 스님의 생각이었다.

정화 시 선학원에서 인홍 스님을 시봉했던 손상좌 현각 스님은 당시를 이렇게 기억했다.

"선학원에 전국 비구니 스님들이 몇 백 명 모였다. 그런데 인홍 노스님이 어찌나 독재인지 그때 모두에게 108배를 시켰다. 저녁예불 때 대참회를 하면서 절을 하자고 하니까 모두 따라하면서도 뒤에서 '무슨 저리 독재냐.'고 불평했다. 그러나 앞에서는 아무 말도 못했다. 노스님은 끝까지 꼭 대참회를 하도록 했다."

인홍 스님은 그 뒤 1966년까지 10년 동안 조계종 종회의원으로 있으면서 종단을 위해 혼신의 힘을 쏟았고, 옳다고 생각하는 것에 대해선 자신의 의견을 굽히지 않고 개진시켰다. 그런 인홍 스님을 두고 중진 비구들은 '불도저'라고 불렀다고 한다.

당시 함께 정화에 참여했던 해인사 삼선암의 정행 스님은 공사석에서 두고두고 '비구와 대처 정화 때 서울에서 대중 앞에 서서 대회의 취지를 조리 있고 우렁차게 말씀하시는 걸 보고 마음 든든했다.'며 인홍 스님을 칭찬했다고 한다.

비구와 대처승이 타협을 보지 못하고 싸움이 극한으로 치닫게 되자 선학원에 머물던 비구니들이 거처를 조계사로 옮기고 비구들이 선학원으로 옮겼다.

대처승 쪽에 목탁을 빼앗기지 않으려고 가슴에 안고 있다가 새벽 도량석을 돌곤 했다. 이러한 비구니들을 내쫓으려고 대처승들 쪽에선 비구니들이 자는 방에 불을 마구 때어서 불가마를 만들었으나 물걸레로 뜨거운 방을 식히면서 대처했다.

오조가사를 수하고 장삼까지 갖춰 입은 비구니들은 단식을 하다가 쓰러져 병원에 실려 가기도 했다.

이러한 정화의 현장 한가운데 있으면서 인홍 스님은 일할 사람 수가 절대 부족함을 느끼고 홍제사에 있는 상좌들을 불러 일을 하게 했다. 현각 스님에게 별좌 소임을 맡겼다. 가장 일이 많은 자리를 자신의 손상좌에게 맡기면서 솔선수범했던 것이다. 현각 스님(강릉 대성사 주지)은 당시를 이렇게 회고했다.

"정화가 처음 시작될 때, 태백산 홍제사 식구들이 모두 올라오기 전에 처음 내가 모시고 서울로 갔다. 선학원에서 백여 명에 가까운 대중이 모여 살면서 정화운동을 했고, 노스님은 총무를 맡게 되었다. 하루에도 몇 번씩 회의를 했는데, 어떤 대중공사를 해도 노스님이 빠지면 안 되었다. 어쩌다가 안 계시면 찾느라고 야단이었다. 대중이 많으니 밥을 먹는 일도 보통 일이 아니었다. 선학원에선 사미니들을 한쪽에 모아 글을 가르쳤으나 그곳에 동참하지 않고 일만 했다.

하루에 시금치와 콩나물, 숙주나물을 한 가마씩 삶았다. 몸이 시원찮았던 내가 일이 너무 많아 그랬는지, 몸속에서 거품 소리가 나고 열감기가 들어 눈물이 철철 났으나 노스님은 모른 척하셨다. 정화에 성공하지 못하면 한강에 빠져죽기로 결

의하고 정화운동을 했던 스님들께 미안해서 말도 못하고 지
냈다.

곁의 노스님들이 보다 못해 노스님께 말씀드리자, 그때서야
스님은 나를 홍제사로 내려 보내셨다. 뭐라고 하실 때는 앞뒤
없이 솥뚜껑으로 자라를 잡는 식으로 눌러버리셨으나, 누르면
서도 뒤는 남겨놓아 주는 아량이 있는 분이었다. 그분 앞에선
숨도 크게 못 쉬곤 했지만 지내놓고 보니까 참으로 큰 어른이
셨다."

비구니 총림 개설

1955년 8월, 1차 정화가 끝나자 정화에서 주도적 역할을 했
던 인홍 스님은 비구니 중앙 간부의 한 사람으로 지목되어 대
구 동화사로 내려갔다. 전국 비구니 총림으로 개설하기 위해
동화사를 인수한 것이다.

대처승들이 동화사를 비우자 인홍 스님은 대중들과 함께 소
임을 짰다. 주지는 동화사 부도암 성문 스님, 총무는 인홍 스
님, 교무는 대원사 법일 스님, 재무는 탑골 선방의 정행 스님
이 맡았다. 금당(金堂)을 선원으로 하고 큰절에 강원을 만들어

총림의 격식을 갖추었다. 비구니로서는 처음으로 교구 본사의 주지에 취임한 것이었다.

한국불교 비구니사에서 비구니들의 1차 한국정화에의 동참은 중요한 의미를 지닌다. 현실참여에 소극적이었던 여성들의 사회참여라는 면에서도 긍정적인 의미를 갖지만, 그간 비구니 위상이 거의 서지 않았던 상태에서의 비구니 스님들의 헌신적 참여는 비구니의 존재를 확인시키고 위상을 정립시키는 데 결정적 역할을 했다.

이조 오백 년 동안 핍박과 모멸을 받았던 불교였으므로 승려의 위치는 한없이 추락해 있었다. 비구들의 위상이 그러했을진대, 비구니들의 위상정립이란 기대하기 어려운 일이었다.

변변한 강원은 물론 없었고 비구니 계단(戒壇)도 따로 마련되지 않아 사미계나 보살계도 모두 비구에게 받아야했고, 대처승들이 본사나 공부하기 좋은 곳은 다 차지하고 있던 실정이었으므로 여러 환경적인 측면에서 비구니의 위상을 거론할 형편이 못 되었던 것이다. 이러한 환경에서 일어난 정화운동은, 오늘날 그 공과는 뒤로하고라도 비구니들의 존재의식과 위상정립에 결정적 역할을 한 것만은 부인할 수 없다.

성철·청담·자운·종수 스님 등이 봉암사 결사를 하면서

묘엄 스님 등 몇 비구니들을 봉암사의 산내 암자인 백련암에 기거하게 하면서 큰절을 오르내리며 공부를 하게 했던 것은 비구니들에게도 교육의 기회를 주고, 그들 나름대로의 회상을 열어 공부를 하게 하려 했던 격려요, 관심이었던 것이다.

실제로 묘엄 스님의 증언에 의하면, 성철 스님과 청담 스님 등이 봉암사에서 '비구니들도 가르쳐서 자립시켜야 한다.'고 마음을 모았다고 한다.

정화가 끝난 뒤 동화사라는 본사를 인수해서 전국 비구니 총림을 열려고 했던 것은 상당히 획기적인 일이었다.

그러나 비구니 총림을 만들어 운영해나가는 것은 쉬운 일이 아니었다. 비구 강사 혜봉 스님을 청해 강원을 열어 경전을 읽게 하고 선원인 금당에서 안거를 시작하고 용맹정진을 하는 등 총림을 갖추어가면서 가을걷이를 하고 겨울을 지나 다음해 사월초파일쯤이었다.

비구니들이 본사를 운영하는 것에 대해 불만을 나타내는 비구들이 생기기 시작했고, 심지어는 남자신도들이 서울 조계종 총무원으로 가서 '자신들은 비구니가 주지로 있는 절의 신도가 될 수 없다.'고 탄원을 하기도 했다.

인홍 스님은 동화사에서 108대참회를 하고 잠자는 시간 외엔 눕지 않게 하는 등 계율을 철저히 지켰고, 청정도량을 만들기 위해 엄격하게 대중들을 이끌었다. 그러자 다른 곳에서 비교적 자유롭게 살던 대중들에게서 '이건 사는 게 아니고 죽는 거다. 우리가 군대를 온 것인가.' 하는 불만이 터져 나오기도 했다.

비구니 스님들의 힘으로 동화사라는 본사를 지키는 것도 어려운 상황이었고 비구니 총림을 확립시키는 것은 더욱 힘든 일이었다. 그로부터 50여 년이 지난 지금까지 아직 비구니 스님이 본사를 맡고 비구니 총림이 결성되지 못한 상황을 감안해보면, 당시 안팎으로 비구니의 위상이 미미한 상황에서 본사를 지키고 총림을 만드는 일은 상당히 어려웠을 것임이 충분히 짐작된다.

정화 후 비구니 강원을 열며 시작했던 순천 선암사도 결국 대처승들에게 힘으로 밀려 나와 버렸으니, 반세기 전인 1950년대 중반에 비구니 총림이 만들어지기엔 시기상조였던 것이다.

인홍 스님은 비구니 총림 유지와 오로지 수행에 전념하는 일 사이에서 깊이 고뇌하고 갈등하기 시작했다. 그러던 사월 초파일 전 어느 날 아무도 모르게 동화사를 떠나왔다. 청빈한 수행을 추구했던 스님다운 선택이었고 비장한 각오였다.

'사람 노릇하게 되면 견성하지 못한다. 사람 노릇하지 말고 오로지 참선 공부에 매진해서 부처 되라.'는 스승 성철 스님의 가르침을 떠올리며 갈등하던 스님은 떠나오는 것으로 용단을 내렸던 것이다.

인홍 스님은 그렇게 비구니 총림의 일선에서 물러났으나, 정화운동이 전국화되고 1970년 통합종단이 성립되기까지 정화운동에 직간접으로 간여를 했다. 1956년 대한불교조계종 중앙종회 의원을 역임한 이래, 1966년 11월 중앙종회 의원을 사임하기까지 정화운동과 종단 일에 참여한 것이다.

한국불교가 청정승가로 거듭나기 위해 겪을 수밖에 없었던 진통의 정화 한가운데서 주도적 역할을 했던 인홍 스님은 이조 오백 년의 불교핍박과 왜색불교의 잔재를 털어내고 청정승가로 거듭나는 일이 얼마나 어려운 일인지를 뼈저리게 실감했다.

승가가 무엇을 추구하고 수행전통을 어떻게 세워나가야 하는지를 깊이 생각할 수밖에 없었던 스님은 그때의 체험을 석남사 회상에서 다시 추구하고 실천해나갔다.

이처럼, 정화운동에서의 비구니 스님들의 희생과 헌신은 위상 정립에 많은 변화를 가져왔다. 오늘날, 강원이나 선원에서의 교육과 수행이 비구니 승단 자체 내에서 해결이 되는 것도, 모두 인홍 스님을 비롯한 선배 비구니 스님들의 헌신에 기인한다는 사실에 이의를 제기할 사람은 없을 것이다.

전국비구니회 탄생

정화 후 1962년 대한불교조계종이 탄생했고, 1970년 대처 측이 태고종으로 따로 등록함에 따라 조계종은 비구와 비구니 종단이 되었다. 정화운동에 참여하여 대한불교조계종 창립에 큰 기여를 했고 교단의 개혁과정을 거치면서 개혁에 적극적으로 동참했던 비구니 스님들이 1968년 우담바라회를 발족하였다. 비구니들의 역사적 자각과 자주적인 단합의 결과였다.

비구니 총림 건립, 불교대중화를 위한 포교합리화, 중생제도를 위한 복지사회 건설이라는 3대 강령을 바탕으로 활동을 시작한 우담바라회는 비구니의 위상정립과 비구니를 통한 한국불교의 발전상을 제시한 것이라고 볼 수 있다.

이러한 과정에서 비구니의 전체 모임과 각기 소속된 문중별 계보를 정리했는데, 문중 계보의 정리는 비구니의 역사의식에서 이뤄졌고 우담바라회를 발족하게 한 토대가 되었다고 한다.

인홍 스님은 금강산 법기암 문중의 한 사람으로서 법기문중 계보를 정리하는 데 주도적 역할을 했다.

우담바라회는 이후 1981년 비구니승가대학을 설립했고, 1985년 9월 5일 대한불교조계종 전국비구니회로 명칭을 변경했다.

1987년, 인홍 스님은 한국 비구니 승가의 상징적 존재인 전국비구니회 총재로 추대되었는데, 이는 스님이 비구니 승가를 확립시킨 공적과 더불어 한국불교 발전을 위한 헌신의 결과였다.

"내일은 없다"

도솔암에서

인홍 스님은 동화사에서 홍제사로 돌아와 그곳에서 두어 시간 거리에 있는 도솔암으로 올라갔다. 오로지 정진만을 하고 싶었던 것이다.

도솔암은 마치 도솔천 내원궁에라도 온 것처럼 아름다운 곳으로 공부를 한다는 웬만한 수행자들은 다 다녀갔을 만큼 공부하기에 좋은 풍광 속에 있었다.

여름이었다. 문을 열어놓고 앉아 정진하고 있으니 태백산의 정기가 온몸으로 흘러 들어오는 듯했다. 인홍 스님은 이번 한 철이 마지막이라는 심정으로 앉아 공부했다.

'공부를 다 끝내지 못하고 죽으면 이 마음, 이 몸뚱이가 어디로 갈 것인가.'

잠을 잘 수가 없었다. 아니, 잠이 오지 않았다는 표현이 더 정확할 것이다. 밤에 홀로 앉아 창호로 스며들어오는 달빛을 받고 앉아 있노라면 호랑이 한 마리가 문 앞에 와 앉는 것이 보였다.

인홍 스님은 담담하게 그것을 바라보며 생각했다.

'너와 내가 어찌 둘이겠느냐. 불성을 지니고 있는 부처임엔 너와 나는 한 생명, 한 몸 아니겠느냐.'

스님의 마음을 알았는지 호랑이는 꼬리로 문을 툭툭 치기도 했다. 인홍 스님은 호랑이도 잊었고 거기에 앉아있는 자신도 잊었다. 세상의 모든 것이 눈에서 마음에서 사라지고 오로지 성성적적 화두 하나뿐이었다.

도솔암엔 일타 스님(전 조계종 원로회의 의원)이 머리를 기른 채 정진 중이었다. 스물일곱 살일 때 6년 결사를 결심하고 들어와 홀로 오후불식(午後不食), 동구불출(洞口不出), 장좌불와(長坐不臥)를 행하고 있었다.

오대산 적멸보궁에서 매일 3천 배씩 7일 동안 기도를 한 후, 오른손 네 손가락 열두 마디를 모두 연비(燃臂)하고 태백산에 들어와 공부를 하고 있었다.

출세·명예·행복 등을 바라는 사람 노릇하겠다는 미련을

손가락 열두 마디의 연비와 함께 일시에 태워 버리고, 홀로 태
백산 도솔암으로 들어와 있었던 것이다.

허공 같으신 부처님께 한결같은 마음으로
통절히 머리 조아립니다.
오직 부처님께서는 가피를 내리시어
저의 미혹을 열어주소서.
제가 지금 발심하여 결단코 삼매를 닦고자
부처님의 진신사리탑 앞에서
손가락 마디마디를 태우며 큰 서원을 바라옵나니,
세간의 모든 번뇌 다 벗어나고
오직 결정심만을 얻게 하여 주시옵소서.
원컨대 사생육도와 법계의 모든 유정들이
다겁생을 오가며 지어 온 죄업장
모두 소멸되기를 제가 다시 참회하며 머리 조아립니다.
바라노니, 모든 죄와 업장 다 없어져
세세생생 보살도를 닦게 되어지이다.
마하반야바라밀

이 발원문은 일타 스님이 연비를 하면서 서원한 내용이다.

중노릇을 잘 하고 숙세의 업장을 녹이고 법에 결정심(決定
心)을 갖겠다는 세 가지 서원을 지니고 손가락을 태운 것이
었다.

인홍 스님은 목숨을 걸고 정진하고 있는 일타 스님을 가끔
홍제사로 청해서 대중들에게 법문을 해주도록 부탁했다. 물론
자신도 정좌하고 앉아서 법문을 들었다. 일타 스님의 법문엔
정진의 힘이 있었고 따뜻한 자비가 녹아 있었다.

훗날 일타 스님은 '그곳에서 6년 동안 조그마한 갈등도 없
이 참선 정진하면서, 아주 열심히 부처님 제자답게 살았다. 일
평생과도 바꿀 수 없는 6년 동안의 참된 공부였다.' 라고 고백
했을 만큼, 혼신을 다한 정진기간이었던 것이다.

어느 날, 도솔암에서 홍제사로 법문을 하러 내려온 일타 스
님에게 성주사에서 출가한 햇중 현묵 스님이 물었다.

"스님! 연비는 어떻게 하는 거예요?"

"잠깐 신심을 내어 연비하는 것은 그렇게 어렵지 않다. 그러
나 평생을 연비하는 마음으로 살아가는 것이 오히려 진정한
연비란다."

그러나 그날 유심히 뭉텅 잘려나간 일타 스님의 손가락을

바라보았던 현묵 스님은 그로부터 6년 뒤, 도반 몇 사람과 함께 일타 스님이 연비했던 오대산 적멸보궁에서 손가락 두 개의 여섯 마디를 불살랐다. 세세생생 부처되려는 서원에서 물러나지 않기를 맹세하기에 이른 것이다.

도솔암에서 날이 가는 것도 모르고 정진하고 있는데, 하루는 사람들이 웅성대면서 올라왔다.

"무슨 일입니까?"

"포수들입니다."

짐승을 잡으려고 덫을 놓고 있던 사람들이 짐승이 잡혔는지 확인하려고 온 것이었다. 인홍 스님은 태백산이 쩌렁쩌렁하도록 그들을 나무랐다.

"보이지 않습니까? 여기는 부처님 도량입니다. 부처님 법을 공부하는 사람은 살생을 하지 않음을 가장 중요한 계율로 삼고 있습니다. 그런데 짐승을 살생하는 덫을 놓고 다닙니까? 하늘이 무섭지 않습니까?"

포수들은 그 기세에 눌려 아무 말도 하지 못했다. 늘 그랬다. 스님에겐 상대방을 압도하는 위엄과 당당함이 있었다. 논리 정연한 언변에 어디서 누구 앞에서도 옳다고 생각되면 자신의 주장을 굽히지 않았고, 상대방은 그 기세를 당해내지 못했다.

"잘못했습니다."

짐승을 잡으러 온 포수들은 스님의 호통에 산에 놓았던 덫을 다 거둬내고 산을 내려갔다. 훗날, 인홍 스님은 '내가 그곳에서 공부를 해 마쳤어야 했는데 ….' 하고 몹시 아쉬움을 드러냈을 만큼 깊이 정진했던 도솔암을 오랫동안 잊지 못했다.

1956년, 홍제사 동안거

석남사로 들어오기 한 해 전인 1956년 홍제사에서의 동안거 분위기는 평범한 절이라기보다는 결사도량과 같았다. 대중들의 정진 일념으로 온 산골짜기조차 적정삼매에 들어있는 듯했다. 성주사의 온 대중은 등을 곧게 펴고 앉았다.

법당과 조실채와 지대방이 함께 있던 홍제사엔 인홍 스님을 비롯해서 도반인 성우·혜춘 스님, 상좌인 묘경·철마·현묵·철주·지정 스님 등이 있었다. 이들은 남쪽에서 공부 잘한다고 소문난 선객들이었다.

홍제사의 수장인 인홍 스님이 지천명(知天命)인 오십을 목전에 두고 '쉰 살을 넘기지 않고 일대사를 해결하겠다.'는 비장한 각오로 앉았는지라 모든 대중들 또한 저절로 힘이 났다.

인홍 스님은 선방에 앉아 꼬박 밤을 새우는 날이 많았다. 잠시 일어나 화장실에 갈 때면 대중 몇몇이 문지방에 머리를 대고 누워있는 것을 보곤 했다. 잠을 오래 자지 않으려는 노력이었다. 누군가 화장실에 가려고 문을 열면 그 소리에 다시 일어나 앉으려고 했던 것이다.

공식적으로 잠자는 시간을 밤 11시에서 새벽 3시로 네 시간 정해놓았으나 그 시간을 지키는 대중은 없었다. 거의 장좌불와인 채로 정진했다..

드러누워 잠을 자는 대중은 없었다. 조금 쉬다가 일어나 제자리에 앉아 있는 사람, 마루 끝에 앉아 졸음을 쫓는 사람, 졸음을 쫓으려고 눈밭을 달리는 사람, 마당가를 거니는 사람, 밤새 절을 하는 사람들만이 존재할 뿐이었다.

안정사 천제굴에 머물고 있던 성철 스님에게 화두를 받기 위해 방석도 깔지 않고 날바닥에서 절을 하는 사미니들의 무릎에선 피가 철철 흘러내렸다. 인홍 스님이 삼만 배를 한 다음 화두를 받으러 가라고 일렀기 때문이다.

태백산엔 눈이 유난히 많이 퍼부었다. 눈이 많이 와서 길이 끊기는 날엔 홍제사는 한산(寒山)이 노래한 것처럼 '샛길도 떨어진' 그런 별천지가 되었다. 그러면 눈이 녹을 때까지 암자에 꼬박 갇혀 남아 있는 양식으로 먹을거리를 대체하곤 했다.

홍제사의 온 대중들은 쌀도 십리 길을 져다 먹고, 김 한 장도 몇 조각씩 나누어 먹는 등 생활에선 최저를, 수행에선 최선의 노력을 기울였다. 그런 속에서 백 일 동안 용맹정진을 했던 것이다. 인홍 스님이 마음 놓고 가장 열심히 공부했던 시절이었다고 한다.

"눈이 반듯한 수행자들과 앉아 있는 것이 무척이나 기쁘고 공부하는 데 힘이 되었다. 서로 마주 앉아 혼침에 든 동료를 깨워주고, 잠깐의 휴식 시간엔 잠에서 깨어나려고 달빛 서린 눈밭을 달리기도 했다. 나는 화두 하나에 딱 걸려서 누군가와 이야기를 하는 것도, 남의 이야기를 듣는 것도 원하지 않았다.

점심공양을 하고 나면 산모퉁이를 돌아서서 낙엽이 수북한 곳에 혼자 앉아 가부좌를 틀곤 했다. 때론 외워놓았던 게송을 읊어보기도 했다. 그렇게 그 겨울을 참으로 멋지게 보내고 머리를 기른 채 이 절 저 절 공부하러 다닌 지 3년이 지나자 비로소 출가를 결심했다."

머리를 기른 채 홍제사 겨울 안거를 보냈던 백졸(百拙) 스님
(부산 옥천사 주지)의 회고다.

불필 스님은 홍제사에서 살던 당시를 이렇게 술회했다.

"1956년 4월, 생사를 해탈한 영원한 대자유인이 되기 위한
선수행의 길로 들어섰다. 해인사에서 얼마 떨어지지 않은 청
량사에서 하안거를 지내고 김용사 묘전 스님이 계시는 곳에서
며칠 쉬고 묘영 스님을 따라 태백산 홍제사로 향했다.

홍제사 주지이신 인홍 스님이 반갑게 맞아주었다. 내가 우
리 스님을 처음 뵈었을 때가 스님의 연세가 마흔 아홉이셨는
데, 이미 제방의 큰스님네들이 인정하고 있었으며 승가에서
우뚝 솟아 있던 존재였다. 스님은 호랑이 같이 엄한 인상에 아
주 당당한 모습을 하고 계셨다. 한눈에 훌륭한 스님이란 걸 느
낄 수 있었다.

초가을, 저녁햇살이 서산을 넘어가는데 멀리서 몇몇 스님들
이 걸망에 산초를 가득 담고 절로 돌아오는 모습이 정말 편안
해 보였다. 홍제사를 지나 산 정상에 올라가니 칡넝쿨이 서로
엉켜있는 것이 보였다. 냇물을 따라 올라가 보니 도솔암이 보
였다. 도솔암에서는 일타 스님이 머리를 기른 채 정진하고 있

었다. 일타 스님은 가끔 홍제사에 내려와 법문도 해주셨고 마침내 동안거가 시작되었다.

결제대중은 주지 스님인 인홍 스님을 비롯해 성우·묘경·철마·혜춘·인성·무럼·현각 스님, 옥자(백졸)와 수경(불필)이었다. 큰방에서는 백 일간 용맹정진, 눕지 않고 서로 마주보며 장좌를 했다. 밤이면 상위에 촛불을 켜고 주장자로 서로를 경책하고 자세가 흐트러지면 큰 죽비로 어깨를 세 번 내리쳤다. '딱! 딱! 딱!' 하는 경책 소리에 온 방안의 스님들은 정신을 차렸다.

밤이 깊어 졸음이 쏟아지면 조용히 밖으로 나와 무릎까지 쌓인 눈 속에서 행선(行禪)도 했는데, 추운 줄도 모르고 거닐다 보면 배가 고파 와서 눈 속에 덮인 시금치와 생감자도 먹었다.

춥고 배고플 때 화두일념(話頭一念)이라. 옛 조사 스님들은 정진하다 졸리면 허벅지를 송곳으로 찌르고, 하루해가 저물면 오늘도 헛되이 보내지 않았는지 점검해 보지 않았던가. 밤이면 좌복 아닌 눈 속에서 정진했고 달빛 아래 쌓인 흰 눈빛은 선문답이라도 하듯 희고도 밝았다. 홍제사에서 그렇게 한 철을 지내고 봄 햇살에 눈이 녹아 길이 열리자 만행을 떠났다."

석남사 회상을 열다

원력의 도량 석남사

가지산의 품에 들다

인홍 스님이 홍제사에 있을 때였다. 어느 한 사람이 트럭에 소금을 가득 싣고 왔다. 굵고 빛이 나는 소금이 트럭에 하나 가득했다. 사람이 트럭에서 내리더니 스님에게 소금을 주겠다고 했다.

"이렇게 많은 소금을 모두 나에게 주는 겁니까?"

인홍 스님이 놀라서 묻자, 소금을 싣고 온 사람이 스님의 등 뒤로 보이는 큰 산을 가리키며 말했다.

"저 산이 전부 소금 산인데, 모두 당신 것입니다."

1957년 봄, 대중과 함께 홍제사를 떠나 가지산(迦智山) 동쪽 기슭 경상남도 울주군 상북면 덕현리에 있는 석남사로 들어와, 인홍 스님은 석남사를 두르고 있는 산을 보고, ‘그랬구나!’ 하고 고개를 끄덕였다. 꿈에서 보았던 그 웅장한 산이 바로 가지산이었던 것이다.

영취산, 신불산, 천황산, 운문산, 고헌산, 문복산과 함께 영남 칠산이라고 불리는 가지산은 울산광역시 울주군 상북면 덕현리, 경상북도 청도군 운문면, 경상남도 밀양시 산내면의 경계에 있다. 서남쪽으로 1,189미터의 천황산과 이웃해서 태백산맥과 나란히 남단으로 매듭져 있으며, 영남 칠산에서 가장 높은 산이다. 높이가 해발 1,240미터로 울산의 울타리 역할을 하는 산이며 울산 시민의 젖줄인 태화강의 발원지이다.

수많은 웅장한 봉우리들이 가지산을 둘러 호위하고 있는데, 그 가운데 쌀바위에서 산 위를 잇는 능선 일대가 바위벽과 바위 봉우리로 이루어져 있으며 온갖 형태의 바위, 석남사, 얼음골, 폭포들이 어우러져 영남에서 가장 으뜸가는 산으로 알려져 있는 것이다. 상봉에 늦봄까지 흰 눈이 장관을 이루어 영남의 알프스로 불리기도 한다.

이러한 가지산의 동쪽 산기슭에 위치한 석남사는 신라 헌덕왕 16년(824)에 도의 국사가 창건한 선찰(禪刹)로 1천2백여 년의 선맥을 잇고 있다.

대한불교조계종 제15교구 본사인 통도사의 말사로 도의 국사가 영산 명지를 찾다가 가지산을 발견하고 터를 정한 다음 석남사를 창건했다.

선을 근본 종지로 삼는 대한불교조계종은 종헌 제1장 종명(宗名) 및 종지(宗旨) 제1조에서 이렇게 선언하고 있다.

"본종(本宗)은 신라 도의(道義) 국사(國師)가 창수(創樹)한 가지산문(迦智山門)에서 기원하여 고려 보조(普照) 국사의 중천(重闡)을 거쳐 태고보우(太古普愚) 국사의 제종(諸宗) 포섭(包攝)으로서 조계종(曹溪宗)이라 공칭(公稱)하여 이후 그 종맥(宗脈)이 면면부절(綿綿不絶)한 것이다."

이러한 선언처럼 조계종은 신라 구산선문 이래의 한국선의 역사를 면면히 계승하고 구현하는 선종(禪宗)이다.

조계종 종조(宗祖)이며 남종선(南宗禪)을 우리나라에 처음 전하고 가지산문를 개창한 신라의 고승 도의 국사가 창건한 절에 인홍 스님이 비구니 회상을 열어 절을 중창하고 후학들을 교육시키며 오늘날 국내 유일의 비구니 종립선원으로 자리매김한 것은 한국불교사에서 인홍 스님이 차지하는 위치와 비중을 확인하게 한다.

일본 제국주의의 식민통치, 한국 전쟁과 남북 분단, 급격한 산업화 사회의 변화 등 그 격랑의 세기 속에서 조계종은 민족과 함께 해왔고 선불교의 발전을 이룩했다. 그 격랑의 역사를 인홍 스님 또한 온 몸으로 걸어오면서, 오십 세가 되던 해에 석남사에 회상을 연 것은 한국불교사에 굵고 뚜렷하게 한 획을 긋는 역사적인 일이었다.

조계종조이자 석남사를 창건한 도의 국사

한국불교사에서 조계종조 도의 국사의 위치는 대단히 크고 높다. 통일신라 말 고려 초, 불교사상의 흐름이 '교(敎) 화엄(華嚴)'에서 '선(禪)'으로 바뀌는 데 일조했고, 우리나라 남종선의 흐름을 시작시킨 시원(始源)에 해당되는 인물이기 때문이다.

도의 국사는 생몰년 미상의 신라 고승으로 성은 왕(王), 법호는 명적(明寂), 시호는 원적(元寂)이며 도의는 법명이다. 북한군(北漢郡)에서 태어났으며, 어머니가 임신한 지 39개월 만에 낳았다고 전한다. 784년(선덕왕 5)에 배를 타고 당나라 오대산으로 가서 공중으로부터 종소리를 듣는 등 문수보살(文殊菩薩)의 감응을 얻었다고 한다.

그 뒤 광부(廣府) 보단사(寶壇寺)에서 비구계를 받고 조계(曹溪)로 가서 육조 혜능을 모신 조사당(祖師堂)을 참배하였는데, 이때 조사당의 문이 저절로 열렸다고 한다. 다시 상서의 개원사(開元寺)로 가서 지장(地藏)에게 법을 물어서 의혹을 풀고 지장의 법맥을 이어받았다. 그 뒤 백장산(百丈山)의 회해(懷海)를 찾아가서 법요(法要)를 강의 받았는데, 회해는 '강서의 선맥(禪脈)이 모두 동국승(東國僧)에게 속하게 되었구나.' 하고 칭찬하였다고 전한다.

37년 동안 당나라에 머물다가 821년(헌덕왕 13)에 귀국하여 선법(禪法)을 펴고자 하였으나 당시 사람들이 교학(敎學)만을 숭상하고 무위법(無爲法)을 믿지 않아 뜻을 이루지 못하였다. 아직 시기가 오지 않았음을 깨닫고 설악산 진전사(陳田寺)로 들어가 40년 동안 수도하다가 제자 염거(廉居)에게 남종선을 전하고 세상을 떠났다.

염거의 제자 체징(體澄)은 전라남도 장흥의 가지산에 가지산파(迦智山派)를 세워 크게 선풍을 떨쳤는데, 이때 도의를 제1세, 염거를 제2세, 자신을 제3세라고 하여 도의를 가지산파의 개산조로 삼았다.

석남사 시대를 열다

홍제사에서 보낸 3년의 세월은 인홍 스님에게 뜻 깊은 시절이었다. '쉰 살이 넘기 전에 일대사를 해 마치리라.'는 각오로 정진을 오로지 했던 시간이었고, 그 와중에 불교정화에 참여해서 한국 비구니의 위상을 높이는 데 결정적 역할을 했던 시기였다.

불교정화가 마무리되자 홍제사로 돌아와 정진에 힘을 쏟고 있을 무렵인 봄이었다. 함께 정진하던 대중들에게서 '남쪽으로 가면 어떻겠느냐.'는 의견이 나왔다. 홍제사는 깊은 산중에 있어 공부하기엔 좋은 곳이었으나 물자가 너무 귀했다.

1950년대 중후반이었으므로 신도도 거의 없었고 너무 깊은 산중이라 농사를 지어 자급자족해서 살기에는 너무 어려운 곳이었다. 해제가 되면 언제나 부산, 마산, 영주 등 대처에 나가서 시주를 해오는 일이 수월하지 않은 터에 그런 의견이 나와서 고심하고 있을 때였다.

마침 천성산 내원사 조계암에서 함께 수행한 인연이 있던 성수 스님에게서 '이름 난 곳은 아니지만 많은 대중이 모여 살기가 적당한 터가 있으니 한 번 가봅시다.'라는 청을 받기에 이르렀다. 가람이 아담하고 터가 좋다고 했다. 당시 성수 스님은 경상남도 사찰 전체를 관리하는 조계종단의 소임을 맡고 있었다.

언양에서 차를 내려 삼십 리 길을 걸어 석남사에 도착해 도량을 둘러보니 터가 반듯했다. 전쟁으로 인해 신라 고찰의 모습은 간 데 없고 퇴락한 대웅전과 극락전 그리고 요사채 하나가 전부였으나 생각보다 터는 넓었고 고찰의 분위기가 서려 있었다.

그러나 석남사 또한 당시엔 외진 곳이어서 대중들이 살기에는 홍제사와 크게 다르지 않아 보여 망설이고 있는데, 그곳에서 살던 비구 한 사람이 이렇게 전하는 것이었다. 범어사에서 강사를 하던 스님이라고 했다.

"강원을 했으면 하고 들어와 절을 맡고 있는데, 데리고 있던 상좌 하나가 군대를 가고 홀로 살고 있습니다. 자리는 너무 좋은데 사람도 오지 않고 먹을 것이 귀해서 견디기 힘들었습니다. 그래서 이 절을 맡아 잘 가꾸어 나갈 사람 하나를 보내

달라고 기도를 했는데 스님이 오셨군요."

마음을 결정하지 못하고 있는데 함께 간 성수 스님이, '이번 기회에 절을 맡아서 대중과 함께 지내는 게 어떻겠느냐.'고 하면서 적극 권하는 것이었다.

선을 공부하는 수행자들이야 한 곳에 머물러 있는 것을 경계해야 할 일이었으나 대중이 모여 살면서 정진할 수 있는 도량이 필요했다. 회상을 만들어 그곳에서 인천(人天)의 사표가 될 인재를 만들어내야 함을 인홍 스님도 뼈저리게 느끼고 있었다.

홍제사로 돌아와 그해 초파일을 지내고 대중과 함께 짐을 싸서 석남사로 돌아온 것이 1957년 5월, 초여름이 막 시작될 때였다. 서른 명에 가까웠던 대중을 둘로 갈라서 열두 명은 석남사로 오고 나머지는 윤필암으로 갔는데, 일이 많은 석남사로 온 대중은 정법·묘경·대각·법희 스님 등이었다.

도량을 쇄신하다

처음 석남사를 둘러보았을 때는 대중이 와서 살만하다 여겼는데, 막상 와서 살려고 보니 법당엔 물이 새고 바람은 제주도 바람 이상으로 거세어서 솥뚜껑이 날아가곤 했다. 아침에 일어나 보면 모래와 먼지가 문도 없는 요사채 마루에 수북이 쌓여 있었다.

인홍 스님은 들어오는 날로 팔을 걷었다. 대웅전은 겉은 번듯했으나 비가 오면 콩나물시루가 되었다. 지붕에서 빗물이 새서 기와가 미끄러져 내려와 하늘이 보였다. 떨어지는 빗물을 받기 위해 절 안에 있는 그릇은 전부 동원될 만큼 법당은 허름했다. 깡통을 달아놓은 곳이 50여 군데나 되었다.

대중은 장삼을 벗고 일을 하기 위한 옷으로 갈아입었다. 불에 타다 그을은 법당 기둥의 그을음을 걸레로 모두 닦아내었고 황토를 메겨 대웅전과 큰방 축대에 발랐다.

인홍 스님은 우선 대웅전 지붕이 새는 것을 막으려고 지붕 위에 올라갔다. 밧줄을 허리에 메고 지붕 위로 올라가자 대중은 스님이 떨어질 것을 대비하여 밧줄을 붙잡고 밑에 서 있었다. 대중은 흙과 기왓장을 날랐고 스님은 기왓장으로 뚫린 곳을 막았다.

마루 밑이며 천정까지 모두 뒤져서 소제할 것을 꺼내서 스님이 앞장서 솔선수범했으니 대중은 따르지 않을 수 없었다.

처음엔 우물도 없어서 대웅전 앞에 놓여 있던 말구유에 있
는 물을 퍼다 가마솥에 부어놓고 사용했다. 대중이 모두 나서
서 우물을 파지 않을 수 없었다.

그것 말고도 할 일이 태산이었다. 동네사람들이 우후죽순으
로 만들어 놓은 숯굴을 걷어내는 일에서부터 사람을 고용해
산을 관리할 산감(山監)을 두는 일 등 일이 끝이 없었다.

석남사에 도착하자마자 선원을 열긴 했으나 인홍 스님을 비
롯한 대중 모두는 선방에 앉는 시간보다 일하는 시간이 훨씬
많을 수밖에 없었다.

당시 선방에서 함께 살았던 혜해 스님은 당시를 이렇게 회
고했다.

"인홍 스님이 처음 석남사를 맡아가서 절을 좀 고치고 난 다
음, 선방을 할 때 같이 살았다. 성우 스님이 입승이고 나는 선
객으로 살았다. 인홍 스님은 선방에 앉아 있으면서도, 한편 불
사도 소홀히 하지 않았다. 하루 빨리 공부를 해서 도인은 되고
싶은데 절은 어그러지고 형편없으니 불사를 하지 않을 수 없
었다. 지붕에 비가 새는 것은 막아야 하지 않았겠는가. 선방에
서 대중이 정진을 하려니 불사를 하지 않을 수 없었다.

봄이 되니까 기와 깨진 것을 걷어내고 번와(飜瓦)를 하느라고 대중들 데리고 일하느라 여념이 없으셨다. 그땐 선방보다 전부 일하는 게 우선인 것 같았다. 상좌들을 데리고 손수 기와 불사를 했다.

대중 스님들 모두 일을 많이 했다. 묘경·법희·현묵·법용 스님 등 몇 사람은 일을 정말 많이 했다. 결제가 끝나고 해제 때면 기와 번와를 한다고 밥만 한 술 뚝 떠먹고 지붕 위로 올라가곤 했다. 불면 바람에 날아갈 것처럼 풀풀 대는 배급 안남미 몇 숟갈을 떠먹고 지붕 위로 올라갔던 것이다. 당시 선농일치(禪農一致)의 생활을 하신 게 아닌가 싶다. 인홍 스님에겐 선방과 지붕 위가 하나 된 곳이었던 것 같다.

절을 만들어 사느라 일도 참 많이 했다. 언양에서 석남사까지 삼십 리 길을 걸어 다니던 시절, 외출했다가 그 먼 길을 다녀오셔도 쉬려고도 하지 않았다. 아무리 늦어도 오시는 대로 선방으로 들어와 앉았다. 방에서 쉬는 일은 결단코 없었다. 건강은 어쨌든 간에 근기가 원체 상근기이셨다. 아마도 석남사에서 산 대중 가운데 제일 일을 많이 했을 것이다.

선방에선 누가 옆에서 졸면 가차 없이 죽비를 내리쳤으니, 일도 가장 많이 하셨지만, 공부는 공부대로 제일 열심히 하셨을 것이다.

대중공사를 하면 한두 시간에서 세 시간이 보통이었다. 아무리 작은 일도 그냥 적당히 끝나는 법이 없었다. 완전히 끝날 때까지 마무리를 지었고, 무섭게 대중들을 가르쳤다.”

대중 모두 도량정비에 총력을 기울였던 석남사 회상은 정진과 가람 수호가 둘이 아닌 날들이었다. 인홍 스님을 비롯한 모든 대중들의 신심과 원력으로 석남사는 다시 태어나고 있었다.

가지산 호랑이

"총림을 창설해서 만고의 규범을 세운 백장(百丈) 스님은 '하루 일하지 않으면 하루 먹지 않는다고 하지 않았던가! 손끝 하나 까딱하지 않고 편히만 지내려는 생각, 이러한 썩은 생각으로는 절대로 대도를 성취하지 못한다. 땀 흘리면서 살아야 한다. 남의 밥 먹고 내 일 하려는 썩은 정신으로는 만사불성(萬事不成)이다.

예로부터 차라리 뜨거운 쇠로 몸을 감을지언정 신심 있는 신도의 의복을 받지 말며, 뜨거운 쇳물을 마실지언정 신심인의 음식을 얻어먹지 말라고 경계하였다. 이러한 철저한 결심 없이는 대도는 성취하지 못하나니.

그러므로 잊지 말고 잊지 말자. '하루 일하지 않으면 하루 먹지 않는다〔一日不作一日不食〕.'라는 만고의 철칙을! 오직 영원한 대자유를 위해 고로(苦勞)를 참고 이겨야 한다."

— 성철 선사(1912~1993) —

하루 일하지 않으면 하루 먹지 말라

인홍 스님이 석남사 회상을 열면서 가장 중요하게 여긴 것은 '하루 일하지 않으면 하루 먹지 않는다.'는 백장청규(百丈淸規) 사상을 실천하는 일이었다. 이는 출가 이후 오대산 지장암에서부터 성주사와 홍제사에서도 실천했던 수행에 대한 신조이기도 했다.

석남사 대중은 봄이면 밭에 나가서 감자를 심고 채소를 가꾸며 논에 나가 모를 심었다. 해우소에서 나온 거름을 밭에 뿌리고 가을이면 모든 가을걷이를 대중들이 했다. 겨울이면 뒷산에 올라가 바람에 떨어진 나뭇가지를 주워왔고 도끼로 장작을 팼다.

시골에 묻혀 있는 절인 데다 당시 모두 어려웠던 1960년대였으므로 불사비용이 여유로울 수가 없었다. 모든 대중이 일꾼이 되었다. 그 가운데 인홍 스님은 가장 큰 일꾼이었다.

법당 등 각 건물의 기와는 부분적으로 갈아놓으면 다른 곳에서 또 비가 새고 깨져 기와를 가는 일이 계속되었다. 석남사 법당 기와를 그로부터 20여 년 후인 1975년에 전부 새로 갈았으니 그간의 일을 짐작할 수 있다.

짚을 썰어서 흙을 넣고 물을 부어 맨발로 이겨서 흙덩이를 만들어 지붕 위로 올렸다. 벽을 바르고 기와를 올리는 것을 전부 대중이 했다.

사다리를 놓고 한 칸 한 칸씩 일렬로 늘어서서는 흙뭉치를 받아 지붕 위에 올라가 있는 인홍 스님에게 전했다. 기왓장도 그렇게 전했다. 높은 지붕 위에 올라가는 것을 두려워하는 대중을 뒤로하고 솔선수범하여 지붕 위에 올라 가 기와를 이었다. 함께 있던 지붕 위의 기술자들도 놀라워 할 정도였다. 그렇게 대중을 가르쳤고 이끌었다.

하루는 경상남도 교육감이 석남사에 참배를 왔다가 그 모습을 보았다. 쳐다만 보아도 위험한 대웅전 지붕 위에 주지인 인홍 스님이 올라 가 있고 밑에서 대중이 기와를 옮기고 황토 흙을 둥글게 뭉쳐서 지붕 위로 줄지어 나르고 있는 모습을 보았던 것이다.

"스님! 대단하십니다."

차를 마시면서 교육감이 감탄을 하자 인홍 스님이 간단하게 대답했다.

"수처작주 입처개진(隨處作主立處皆眞), 출가자가 되어 기와 집에 살면 기와도 만질 줄 알아야 그 집에 살 자격이 있는 것이지요."

그 교육감은 돌아가 일선교사들에게 '수처작주 입처개진'의 뜻을 전했다. 자신이 서 있는 곳에서 최선을 다한 자 만이 삶에서 주인이 될 수 있으며, 그것이 실천될 때 참된 삶을 살 수 있다는 뜻이었다. 이 이야기는 지금까지도 석남사 대중에게 회자되면서 가슴에 새겨져 있는 일화로 남아 있다.

석남사는 청규정신(淸規精神)이 살아있는 도량이었고 누구보다 인홍 스님이 그것을 앞장서서 실천한 도량이었다.

인홍 스님 자신이 앞장서서 온 몸을 던져 일했으므로 스님의 말은 석남사에서 곧 법을 의미했다. 인부들이 잠시라도 앉아서 쉬면 일을 끝내고 쉬라고 했고 일은 항상 해가 저물어 끝났다. 일꾼들에게 이러했으니 대중들이 쉬는 것은 엄두도 못낼 일이었다. 대중들에겐 쉬더라도 앉지 말고 서서 쉬라고 했을 정도였다.

하루 종일 일인 날이 허다해지자 소임을 맡은 상좌들까지도 공부하러 다른 곳으로 가고 싶다면서 소임을 내놓으려고 했다. 훌훌 떠나 공부만 하고 싶은 심정을 왜 모르겠는가. 그러나 인홍 스님은 단호했다.

"나는 주지를 하고 싶어서 하는가? 너희가 정 그러하다면 나도 주지직을 내놓겠다."

그러면서 통도사에 가서 주지직을 내놓겠다고 일주문을 나서곤 했다. 훗날, 스님은 주지 소임을 원치 않고 선방으로 가 공부하고 싶어 하는 상좌들에게 이렇게 이르곤 했다.

"드는 돌이 무거워야 얼굴이 붉어지듯 복을 지어야 받을 것이 있는 법이다. 지혜를 닦는 것도 중요하지만 사람은 복을 닦아야 한다. 부처님도 복(福)과 혜(慧)를 함께 닦으신 분이다. 대중에 살면서 복을 많이 지어야 공부할 수 있는 터전이 마련되고 공부하는 데 장애가 없다.

대중 스님들이 부처님이니 소임을 맡아 사는 일이 기도요 수행이다.

수행자가 참선 공부하고 싶어 하는 것은 너무나 당연한 일이다. 그러나 우리가 부처님께서 주시는 밥을 얻어먹고 도량에서 잘 살면서 하고 싶은 공부 다 하고 살지 않았느냐. 그랬으니 한 번쯤 주지 소임을 맡아 이 도량에서 성숙한 그 은혜를 갚아야 하지 않겠나. 주지는 대중을 위한 일꾼이다. 주지 노릇하면서 큰 일꾼 노릇을 한번 해야 하는 것이 도리이지 않겠느냐. 가람 수호도 하고 대중 외호도 잘 하는 동안에 자신이 성숙되는 법이다. 그러니 한 번만 살아라."

5일장마다 쌀과 잡곡을 구해서 식량을 조달할 만큼 어려운 시절이었으나 가람을 보수하는 일을 멈추지 않았고, 조금도 굽힘없이 대중을 이끌고 나갔다.

대중들의 운력은 끊일 날이 없었다. 대웅전과 극락전 등 많은 불사를 할 때 쓰일 나무를 산에서 끌어내렸고 낫으로 껍질을 벗겼다. 인홍 스님은 공부를 통해서뿐만 아니라 일을 통해서 대중 모두를 장부로 키우고 싶었다.

인홍 스님은 대중들에게 가르쳤다.

'수도원은 용광로와 같고 대장간 같은 것, 누구든 수행자로서 새롭게 태어나야 한다.'

일이 너무 많아 대중들이 하나둘씩 떠나기 시작했다. 물론 방부를 들이는 사람도 없었다. 그러나 인홍 스님은 강행했다. 세속에서도 경제가 몹시 어렵던 1950년대와 1960년대, 대목 50명과 일반인들 50명이 참여하는 큰 불사를 감행했다. 때로는 노임을 제 때에 주지 못해 소임자가 자리를 비켜버리는 일도 있었다.

한 사람의 노임을 줄이기 위해 온 대중이 나와 일을 할 수밖에 없었다. 새벽 별을 보고 일을 시작해서 별을 보고 일을 끝내던 시절이었다.

어느 날, 저녁 공양 때 기왓장이 한 차 실려 들어오는 것을 보고 열여섯 살의 어린 행자 하나가 그만 울고 말았다. 그 많은 기왓장을 옮겨야할 일이 까마득했기 때문이었다. 그렇게도 일이 많았던 석남사였다.

1976년 주지직을 내놓을 때까지 20여 년 동안 불사는 끊이지 않았다. 1973년 3층 사리탑을 건립했고, 대웅전을 비롯해서 극락전, 사리탑, 정수원, 누각, 강선당, 언양포교당, 동인암 그리고 요사채 9동을 신축했다. 대단한 불사였다.

그러나 인홍 스님은 이러한 대불사에도 대중들을 안에서 운력은 시켰을지언정 밖으로 내보내지는 않았다. 불사를 마련하기 위한 화주책을 돌리지 않은 것이었다. 물론 자신도 화주책을 들고 밖으로 나가지 않았다.

그것은 인홍 스님의 큰 원력에 따른 복이었다. 가지산만큼이나 컸던 원력은 그만큼의 복력으로 돌아와 석남사 터가 좁을 만큼 큰 불사를 이뤄냈다. 인홍 스님의 수행력이요, 복력이었다.

"우리 스님은 '하루 일하지 않으면 하루 먹지 않는다.'는 백장청규와 큰스님(청담 · 향곡 · 자운 · 월하 · 성철 큰스님) 들의 지도 아래, 또한 부처님의 철저한 계행과 정법도량으로 숭고한 비구니 스님의 위상을 세우기 위해서 원력을 세우신 분이다.

아침 공양 후 공사석에서 후학들에게 서릿발 같은 법문으로 후학들을 가르쳤다. 때로는 냉엄하게 때로는 자상하게 학인들에게 '깨끗한 그릇에 물을 담으면 깨끗한 물이 되고 더러운 그릇에 물을 담으면 더러운 물이 되듯이 계행을 근본으로 삼으며 인욕 정진하고 하심하고 검소하고 청빈해야 한다.'라고 말씀하셨다.

모든 스님들이 봄이면 밭에 나가 감자와 채소를 가꾸고 논에 나가 모를 심기도 했다. 흙을 만지며 해우소 거름을 처음 뿌려 보니 '내가 만일 출가하지 않았더라면 어찌 시간가는 줄 모르고 이렇게 즐거운 마음으로 일을 할 수 있었을까.' 하는 생각이 들었다.

‘하루 일하지 않으면 하루 먹지 않는다’ 는 청규 사상이 살아 있는 석남사 채마밭. 사진 김민숙

겨울에는 사시(점심) 공양이 끝나면 지대방에서 차 한 잔을
마시고 수각 기둥에 차례로 걸려 있는 새끼로 만든 지게를 지
고 나가서 나무를 해 날랐다. 이러한 석남사 대중 모습을 보고
효봉 노스님(종정 스님)께서 칭찬하셨다."

1957년에 석남사로 출가한 불필 스님의 증언이다.

사원경제를 만들다

석남사의 창고엔 대중의 수만큼 이름이 새겨진 지게가 걸려
있었다. 괭이와 갈고리, 호미 등 농사를 짓는 데 필요한 연장
들이 한 군데 모두 걸려 있었다. 운력 시간을 알리는 목탁소리
가 나면 대중들이 연장을 들고 밖으로 나오곤 했는데, 그 모습
이 마치 일개미와 같았다고 한다.

하루는 울산의 기관장 한 사람이 새로 부임해오면서 석남사
에 참배하러 왔다가 수십 개의 지게가 걸려 있는 것을 보았다.
그가 인홍 스님에게 물었다.

"스님들이 사시는 절에 웬 지게가 그리 많이 걸려 있습니
까?"

봄이 되면 뒷산에 일꾼들이 쳐놓은 나뭇가지를 석남사 대중들이 모두 져 날라다가 담장 밑에 쌓아놓고 땔감으로 쓰고 있는 것을 그가 미처 모르고 물은 것이었다.

인홍 스님의 대답은 간결했다.

"수행자는 일을 할 때는 일꾼이고 공부할 땐 공부꾼입니다. 수행자는 살아가는 데 남의 힘을 빌리지 않습니다. 우리 자신이 할 수 있는 것은 우리 자신이 해야 한다는 것이 부처님의 가르침입니다. 옛 훌륭한 스님네들도 다 그 정신으로 살았습니다."

그 기관장은 물론 석남사의 신도가 되었고 혹, 석남사가 어려움에 처하는 일이 있거나 하면 물심양면으로 도와주었다.

'남의 힘을 빌리지 않고 자신의 노력으로 산다는 생각을 실천하면 세상에 어려울 일이 없다.'는 것이 인홍 스님의 철학이었다.

석남사는 신도들에게 의존하지 않고 절 자체에서 수입원을 만들어나갔다. 석남사 뒷결 숲에 무성했던 대나무를 베어서 언양 사람들에게 팔았다. 대중들은 대나무를 베어서 크기대로 배열해 놓고 소쿠리도 만들어 팔았다.

추운 겨울, 대중들의 고생은 말이 아니었다. 털신도 장갑도 없던 시절, 면장갑을 가까스로 마련해서 끼면 한 시간이면 떨어져나갔으니 그걸 누덕누덕 기워서 쓰거나 혹은 맨손이었다. 손과 발이 추위에 얼어붙곤 하는 운력이 겨울이면 계속되었다.

임산물 수입으론 당시 대나무 수입이 제일이었다. 어렵던 시절, 대나무 수입은 귀한 소득원이 되어 석남사 불사를 돕고 대중이 살아가는 데 도움이 되었다.

1962년에는 석남사 신도들이 주축이 되어 선림회(禪林會)가 결성되었다. 석남사 대중들의 양식을 충당하기 위한 신도들의 모임으로, 회원들이 직접 돈을 모금해서 8,942평의 논을 매입했다. 그것으로 닷새마다 장에 나가 쌀과 잡곡을 구해오던 것을 해결할 수 있었다. 이 모두는 인홍 스님을 비롯한 석남사 대중들의 끝없는 헌신과 신심을 바탕으로 한 것이었다.

인홍 스님의 교육열 또한 대단해서 장학금을 만들어 대중들이 강원, 중앙승가대학, 대학원 석사 과정에 들어가 공부를 하게 되면 등록금으로 쓰게 했다.

"스님이 그렇게 일을 많이 시키니까 공부할 시간이 없었기 때문에 불만이 없을 수 없었다. 그땐 전기도 들어오지 않았을 때니까 석남사 3대 사업 목표가 큰법당을 보수하고 전기를 끌어오고 부처님 진신사리탑을 세우는 것이었다.

우린 일을 하는 중에도 염불을 외울 것을 쪽지에 써서 외웠고 법당 앞에 있는 호롱불 밑에서 책을 보곤 했다. 하루 종일 일을 하고 밤에 공부하려고 앉아 있으면 오죽 잠이 쏟아졌겠는가. 그러나 스님께선 한 시간에 한 번씩 와 보시는 것이었다. 졸고 있는 대중이 있으면 시주밥을 먹고 존다고 걱정하셨다. 자려고 불을 끄면 공부하지 않고 불을 껐다고 야단하시고, 불을 켜놓으면 비싼 불을 켜놓았다고 걱정하시는 그런 경책 속에서 살았다.

공부하러 왔는데 공부보다는 일을 더 많이 했으니 절박한 심정이 되어서 발심을 더 냈던 것 같다."

1959년도에 출가한 도문 스님의 증언이다.

출가자는 인간과 천상의
사표가 되어야 한다

출가정신과 수행전통 확립

인홍 스님이 후학들을 교육시키면서 가장 중요시한 이념은 '출가자는 인천(人天)의 사표(師表)가 되어야 한다.' 는 것이었다. 이러한 신념은 출가자의 본질에 대한 깊은 통찰에서 나온 것이었다.

인홍 스님은 공사석에서 자주 대중들에게 말했다.

"'승(僧)' 자를 해체하여 보아라. 사람 '인(人)' 변에 일찍 '증(曾)' 이니, 보통사람보다 모든 면에서 먼저 가는 사람이라는 뜻이다. 그러므로 이 세상의 모든 사람에게 사표가 되는 것이 수행자이다. 부처님 제자는 일체 중생의 사표가 되어야 한다. 청빈으로 수도생활의 생명을 삼고, 일체 중생을 위하여 기도하며 끝없이 하심하고 봉사해야 한다."

석남사로 오기 전 '가지산이 소금산'이라는 꿈을 꾼 뒤로, 인홍 스님은 늘 '이 도량에서 키운 인재들이 소금처럼 귀하고 필요한 존재가 되어 세상의 소금이 되기를' 발원했다. 부(富)와 함께 썩고 부패하는 것을 방지한다는 소금의 상징은 수행자가 세상에 회향해야 할 행위를 의미하는 것이었다.

젊은 시절부터 발원했던 법답게 수행하는 비구니 도량을 이루는 큰 걸음을 시작한 인홍 스님은 석남사 도량에서 공부한 수행자들이 세상의 사표가 되기를 발원하고 또 염원했던 것이다. 가지산은 그런 뜨거운 원력이 담긴 곳이었다.

인홍 스님은 늘 후학들에게 '나에겐 이 소금산인 가지산이 법의 산이요, 석남사는 인간과 천상의 사표가 될 눈밝은 수행자를 길러내는 원력의 도량이었다.'라고 말했다.

인간과 천상의 사표가 된다는 것은 계·정·혜가 구족된 수행자, 곧 완성된 인간을 말하는 것이었고, 생사를 벗어난 수행자가 됨을 의미하는 것이었다. 위의를 지닌 사람, 기품 있는 사람, 감동을 주는 사람, 순수함을 회복한 사람이었다. 행이 부처님과 같은 사람, 부처님이 가지고 있는 자비와 지혜와 능력을 그대로 쓰는 사람이 인천의 사표가 될 수 있는 사람이었다.

인홍 스님은 법을 펼 수 있는 엄격한 도량을 세우고 비구니의 위상을 높이겠다는 염원을 늘 마음속에 품고 있었다. '철저한 수행으로 부처님 법대로 살아야 한국불교가 산다.'는 생각을 한시도 놓치지 않고 살았던 수행자였다.

1941년, 비구니 교육도량이 변변치 않았던 시절에 출가해서 석남사에 오기까지 20여 년 동안 비구니 승가의 한가운데 있으면서 인홍 스님이 가장 시급하고 절실하게 느낀 것은 출가정신과 수행전통을 확고히 세우는 것이었다.

출가의 길은 무엇인가. 부처님과 조사들이 걸어간 그 길을 그대로 따라 걷는 것이다. 부처님과 조사들은 누구인가. 가장 완벽한 삶, 가장 아름다운 삶, 가장 수승한 삶을 산 인류의 스승이었다. 얼마나 자유롭고 당당했던가. 얼마나 성스러운가. 인간으로서 걸을 수 있는 가장 참된 길 아닌가.

여성의 출가도 남성의 출가처럼 도의 길에 들어 선 출격대장부로서 '생사해탈과 영원한 대자유인'을 추구함에 있음을 확립하는 것에 있었다. 인생에 실패해서 출가하는 것이 아니었다. 출가의 길에서는 여성도 당당히 헌헌장부의 길을 가는 것이다. 저 부처님과 조사, 그리고 수많은 선지식들이 걸어갔던 그 장엄하고 명료한 길을 걸어갈 뿐인 것이다.

출가란 세상의 오욕락을 과감히 버리고 생사에 얽매임이 없는 대자유인이 되는 길, 이 구도의 길에서 비구니라고 해서 다를 수는 없었다. 부처님 당시에도 깨달음을 얻은 비구니가 많지 않았던가.

인홍 스님은 석남사에서 공부한 대중 모두가 출격대장부가 되길 바랐다. 일체중생의 스승이 될 수 있는 자격을 갖추게 하기 위해 무던히 애를 썼고, 또 그러한 원력으로 후학을 이끌었던 경책은 혹독하리만큼 매서운 것이었다.

출가정신을 세우는 것 다음으로 중요한 것은 수행의 전통을 세우는 일이었다. 출가자는 '이 세상 모든 것이 존엄하고 평등하다.'는 진리를 설파했던 부처님의 제자 아닌가. 목숨마저 내놓고 정진해야 하는 수행의 길에 있어 비구니라고 결코 예외일 수 없는 것이었다. 출가자는 어느 곳에서 무엇을 하든 불조(佛祖)가 걸었던 길을 한 치도 빈틈없이 따른다는 정신이 인홍 스님의 가슴에 각인되어 있었다.

인홍 스님은 후학들에게 자주 말했다.

"출가자는 수행으로 본분사를 삼아야 한다.

출가자는 대중과 함께 있어야 한다. 독살이는 비상과 같은 것이다."

그것을 지키는 것이 수행의 전통을 올바로 세우는 길이었다. 인홍 스님은 그러한 출가정신으로 스스로를 한 치도 빈틈 없이 단속하며 채찍질했고 기상을 세웠던 수행자였다.

인홍 스님의 삶은 출가정신과 수행전통을 확립하는 이 두 가지를 실현해서 한국 비구니 승가가 성장, 발전하는 데 헌신한 것이었다고 해도 과언이 아니다.

석남사에서 40여 년 동안 인홍 스님이 실현한 것은, 발심 출가하여 불조(佛祖)의 혜명(慧命)을 잇는 삶이 어떠한 것인가를 증명한 것이었다.

발우공양과 가사 장삼

인홍 스님은 음식을 먹는 자세에 대해서도 엄격하게 가르쳤다. 반드시 대중이 한 방에 모여 발우공양을 했으며, 이를 어기면 용납하지 않았다.

운력하는 날, 대중들이 가끔씩 뒷방에서 상을 차려놓고 공

양을 하기도 했는데, 스님의 눈에 띄는 날이면 날벼락을 맞아
야 했다.

'승려의 위의는 승려 자신이 세워야 하는 법, 부처님 제자
인 출가자들이 그렇게 세인들처럼 먹어야 되겠느냐.' 는 것이
었다.

인홍 스님은 이렇게 가르쳤다.

"수행자는 여법(如法)하게 살아야 한다. 발우를 펴고 반듯하
게 앉아 제대로 먹어라. 법복을 입고 염불하고 먹는 그 좋은
법을 두고 왜 마을사람들처럼 먹느냐."

석남사는 목발우를 없애고 철발우를 사용했다. 당시, 정화
를 하고 나서 다른 절에서는 가사 장삼을 입고 철발우 공양을
하지 않았으므로, '별나게 산다.' 라고 곱지 않은 눈으로 보는
시각도 많았으나, 이에 뜻을 굽힐 스님이 아니었다.

발우공양에 대한 인홍 스님의 가르침은 지금까지 석남사의
전통이 되어 지켜지고 있다. 젓가락 소리 하나 들리지 않고 백
여 명의 대중이 한 방에 앉아 발우공양을 하는 모습은 수행자
의 위엄 자체를 드러내는 일이었다.

석남사 발우공양 모습. 발우공양에 대한 인홍 스님의 가르침은 지금까지 석남사의 전통이 되어 지켜지고 있다. 하루 세 번 1백여 명의 대중들이 모여 발우공양을 하는 모습은 장엄하기 이를 데 없다. 사진 김민숙

"수행자는 스스로 자신을 닦고 경책해야 한다. 수행자가 세속 사람과 다를 바 없다면 수행자 된 보람이 어디 있겠는가. 어두운 방에 혼자 있을지라도 큰 손님 앞에 있는 것처럼 생활하라."

혼자 무엇을 먹어도 수행자로서의 위의를 지키도록 가르쳤다.

인홍 스님은 외출할 때 꼭 가사 장삼을 입고 삿갓을 썼으며 육환장을 짚었다. 무명이나 광목으로 된 가사 장삼을 입은 모습을 후학들은 이렇게 전하고 있다.

"노스님은 외출을 하실 때면 광목 장삼에 오조가사를 수하셨다. 삿갓을 쓰시고 발보다 큰 고무신을 신고 지팡이를 짚은 모습이 얼마나 수행자답고 근엄하셨는지 후학들로 하여금 수행자로서의 자긍심을 갖게 했다."

붐비는 버스와 기차를 타고 다니면서도 가사 장삼을 입었고 온 대중에게도 그렇게 지시했다. 일할 때 말고는 도량에서도 입으라고 할 정도였으니, 다른 곳에서 보면 '별나다.' 라고 할 정도로 그러한 원칙을 자신부터 지켰다. 그것은 법에 대한 믿음, 계율에 대한 믿음이 철저했기에 가능한 것이었다.

　"수행자는 신심과 사상이 뿌리요 생명이다. 그것이 흔들리면 승가는 절집에서 밥만 얻어먹고 살아가는 단체일 뿐이다. 그래서 옛 어른들은 '중은 신심이 없으면 죽은 소나무 뿌리만도 못하다.'라고 했으니, 수시로 자신의 발 아래를 살펴라. 내 생각의 뿌리와 믿음을 살피고 또 살펴야 한다."

　하루는 후원 일을 책임지는 원주(院主)가 일을 하느라고 수고한 후원식구들을 데리고 소풍을 갔다. 한 철 동안 대목 등 1백여 명의 일꾼들의 밥을 해대느라고 고생한 열여섯, 열일곱 살의 채공(菜供)들을 칭찬해주기 위한 나들이였다. 삼 시 세 끼와 중간의 참까지 해댄 어린 사미니들에 대한 고마움의 표시이기도 했다. 밥통에 밥을 푸고 김치를 준비하고 감자도 삶고 해서 석남사 계곡인 옥류동으로 올라갔다. 공기도 좋고 물도 맑은 곳에서 그들은 잠시 신선이 된 기분이었다.
　원주는 한껏 기분을 내어 사진사까지 불러 사진도 몇 장 찍게 했다. 점심을 먹고 몇 시간 그렇게 쉬고 내려왔다. 그런데

20여 일쯤 후, 인홍 스님이 그 사실을 알았고, 당장 그들은 불려갔다.

"스님네가 어디 감히 세속사람들처럼 점심을 해 가지고 가서 놀았느냐? 게다가 남자 사진사를 불러다가 어린애들에게 사진을 찍어주다니?"

그 자리에서 원주도 사미니들도 쫓겨났다. 그러나 그 힘든 원주 소임을 8년이나 지속하고 있던 공이 감안되어서 참회는 오래 가지 않고 3일 만에 끝났다.

'석남사 행자시절은 아침에 별을 보고 나갔다가 저녁에 별을 보고 들어오는 힘든 생활의 연속이었다. 그러나 그때 진정한 수행을 했다.' 고 석남사에서 행자시절을 보낸 대중들은 기억한다.

수행자의 기상과 위의는 수행정진을 철저히 하고 계율을 빈틈없이 지키며 살아갈 때 이루어지는 것임을 인홍 스님은 가르쳤다.

인홍 스님의 대중에 대한 매서운 경책에 의해 석남사는 1960년대 초반부터 전국에 귀감이 되는 도량으로 자리매김 되고 있었다. 각 절에서 출가하려는 사람들에게 '석남사로 가면 중노릇 제대로 할 수 있다.' 라고 추천할 정도로 인정받는 도량이 되어갔던 것이다.

인욕 · 하심 · 청빈 · 검소 하라

　부처님께서 제자들과 함께 구담미국에서 안거에 드셨을 때, 왕후인 파마제(婆摩帝)는 매일 정사로 가서 부처님과 제자들께 공양을 올렸다. 그리고 날마다 비구 한 사람씩을 궁전으로 초대하여 보시를 하였는데, 주로 아난 존자가 그 공양에 응하였다.

　안거가 끝나는 날, 왕후는 5백 벌의 옷을 아난 존자에게 공양하였다. 아난 존자는 이를 여러 비구들에게 나누어 주었다. 뒤늦게 이 소식을 들은 우전왕(優塡王)은 아난 존자를 찾아가서 물었다.

　"출가 승려로서 너무 많은 공양을 받는 것은 지나친 욕심 때문이 아닙니까? 그처럼 많은 옷을 어떻게 처리하였습니까?"

　"옷이 해어진 비구들에게 나누어 주었습니다."

　"그럼 해어진 옷은 무엇에 씁니까?"

　"해어진 옷은 좌상(坐床)의 덮개로 씁니다."

　"좌상의 덮개가 낡으면 무엇에 씁니까?"

“베개 주머니로 씁니다.”

“베개 주머니가 낡으면 무엇에 씁니까?”

“발수건으로 씁니다.”

“낡은 발수건은 무엇에 씁니까?”

“청소하는 걸레로 씁니다.”

“걸레가 낡으면 무엇에 씁니까?”

“대왕이여, 해어진 걸레는 잘게 썬 다음 진흙과 반죽하여 벽을 바르는 데 씁니다.”

“아, 선재(善哉)로다!”

우전왕은 감복하고 돌아갔다.

―《잡아함경(雜阿含經)》―

인홍 스님은 출가의 길이란 부처님과 조사들이 걸어간 길을 그대로 걷는 것이라고 가르쳤다. 그러므로 석남사에서의 생활은 부처님이 살았던 시절과 다를 바가 없었다.

‘흐르는 물도 아껴 쓰라.’고 할 만큼 검박한 생활을 강조했으니, 밥 한 톨도 개수구로 흘러나가는 일은 있을 수 없었다. 먹다 남은 김치조각 하나라도 음식물 쓰레기통에 버려져 있는 것이 발견되면 앞산이 흔들릴 듯 훈계를 들어야 했다.

석남사에선 촛농이 떨어진 것을 버리지 않고 녹였다가 떨어진 창호지나 헝겊 조각을 꼬아서 만든 심지를 박아 불을 밝혔다.

스님은 또 석남사 대중들이 부엌에서 오래 일하고 있으면 '음식을 만들려고 절에 왔느냐.'고 나무랐다. 인홍 스님 자신의 생일상을 차리는 것을 몹시 나무랐는데 '대중들이 음식을 만들려고 부엌에 오래 있는 것이 보기 싫다.'는 것이 그 이유였다.

"부엌에 오래 머문다는 것은 먹는 것에 마음이 머문다는 뜻이다. 부엌에 오래 머물지 말고 공부하는 데 힘써라."

출가해서도 세간의 속성에 머무는 것을 지극히 경계했던 수행자였다. 잘 입고 잘 먹는 것에 관심을 두는 것은 올바른 수행자가 아니라는 것이었다.

새벽에 가장 먼저 일어나 탑돌이로 정진을 시작해서 조석예불을 생명처럼 지켰던 인홍 스님은 예불을 빠뜨리는 대중을 결코 용납하지 않았다. 일주일 동안 참회를 해야 하는 혹독한 벌을 내릴 만큼 예불 참석을 중요시했다.

하루는 공양주 소임을 맡은 대중이 너무 몸이 고단해서 새벽예불에 불참했다. 예불 종이 울리자 공양주는 '이 시간에 아무리 호랑이 같은 스님이라도 오실 리야 없겠지.' 하고 마음 놓고 쉬고 있는데 갑자기 방문이 벌컥 열렸다. 스님이 들고 왔던 양동이의 물이 공양주 몸으로 쏟아져 내렸음은 물론이다. 예불에 불참한 대중을 눈으로 기억해두었다가 바로 벌을 내렸으니, 석남사 대중은 전날 아무리 힘든 운력을 했어도 새벽에 불에 빠지는 것은 엄두도 내지 못했다.

'좋은 것은 본받아서 내 것으로 하고 나쁜 것도 스승으로 삼아 자신을 경책하라.'

인홍 스님의 이러한 경책은 일평생 동안 한 점 흐트러짐 없이 한결같았다. 자신도 그 모습을 한평생 변함없이 견지한 수행자였다.

천차만별의 사람들이 출가하므로 성격이 원만하지 못해 대중과 화합하지 못하는 사람도 있게 마련이다. 도저히 출가생활엔 어울리지 않는 대중 한 사람을 두고 '저런 사람들은 어떻게 해야 합니까?' 하고 상좌 한 사람이 묻자, 이렇게 대답했다.

"사람은 나무와 같은 존재이다. 나무는 그 무엇 하나도 버릴 게 없지 않느냐? 잘 생긴 나무는 목재로 쓰이고, 못 생긴 나무도 그냥 버려지는 법은 없다. 불쏘시개로 들어가서 음식을 짓게 하고 재까지도 밭에 버려져 거름이 된다.

하물며 사람을 말해서 무엇 하겠느냐. 아무리 못난 사람도 쓰일 데가 있는 법, 부처님 도량에서 잘 가르쳐서 그 사람의 재목대로 쓰이게 해야 한다.

인연이 없는 중생은 천불(千佛)이 출생해도 제도하기 어렵다고 했다. 저 사람도 불연(佛緣)이 있으니까 이 도량에 오지 않았겠느냐? 옛 어른 말씀에 '한 중생을 제도하려고 백 천생을 따라다닌다.'고 했다. 한 사람을 제도하는 데 들이는 공이 그만큼 커야하고 또 인내해야 한다는 말씀 아니겠느냐. 인과에는 빈틈이 없는 법, 애쓴 만큼 조금이라도 바뀌지 않겠느냐. 이 도량에 왔으니까 잘 가르쳐 쓸모 있는 수행자를 만들어야 한다."

다른 곳으로 갔으면 도저히 수행자로 살지 못할 것 같은 사람도 스님은 그러한 철학으로 이끌고 가르쳐 원만한 수행자가 되게 했다.

"한 중생을 제도하려고 백 천생을 따라다닌다."

인홍 스님이 자주 경책하던 이 말은 수십 년의 세월이 흐른 지금도 석남사 대중들의 가슴에 깊은 경책이요, 실천해야 할 덕목으로 남아 있다.

'스승을 정했으면 존경하고 받들어야 한다. 스승이 모과를 두 개 놓고 헤아리지 못해도 스승으로 존경하고 받들어야 한다.' 라고 가르쳤던 스님은 무섭게 권속들을 경책했으나 한편으론 귀하게 대접했다. 부처님의 제자로서 인간과 천상의 사표가 될 사람들이 아닌가. 성불의 길을 가려고 모든 것을 버리고 온 사람들 아닌가. 법에 어긋나는 일엔 벼락이 떨어졌으나 그 밖의 부분에선 한없이 귀하게 대접하는 것이었다. 인간의 존엄을 깨닫고 귀하게 대접할 줄 아는 도량이 큰 수행자였다.

정월 초하루 날도 새벽예불 끝에 부처님께 세배를 드리는 통알(通謁)을 하면 그것으로 그만이었다. 어른들에게 드리는 세배도 통알 끝에 대중이 마주보고 세배하면 그걸로 끝나는 것이었다. 세배를 하러 여기저기 다니는 일은 없었다.

개인적으로 세배를 하려고 하면 '세인들처럼 중이 세배는 무슨 세배냐.' 하면서 입도 벙긋하지 못하게 했다.

불퇴전의 서원, 오대산 적멸보궁에서

"내가 열반한 뒤에 어떤 비구가 발심하여 결단코 삼매를 닦고자 할진대 능히 여래의 형상 앞에서 온몸을 등불처럼 태우거나 한 손가락을 태우거나 이 몸 위에 향 심지 하나를 놓고 태우면, 내가 말하는 이 사람은 비롯함이 없는 숙세의 빚을 한순간에 갚아 마치리니 길이 세간을 멀리 떠나 영원히 모든 번뇌를 벗어나리라. 만약 이렇게 몸을 버리는 작은 인을 심지 않으면 무위도(無爲道)를 이룰지라도 반드시 사람으로 돌아와 그 묵은 빚을 갚으리니, 내가 말먹이 보리를 먹은 것과 조금도 다를 바 없도다."

《능엄경》 제6권 〈사바라이장(四波羅夷章)〉의 '연비(燃臂)'에 대한 구절을 읽고 나자, 현묵·혜근·성타·대각 스님 네 사람이 앉아서 참회진언을 했다.

옴 살바못자모지 사다야사바하
옴 살바못자모지 사다야사바하
옴 살바못자모지 사다야사바하

1959년 봄, 오대산 적멸보궁.

네 비구니의 간절한 참회진언이 달빛·별빛에 섞여 적멸보궁 뜰로 쏟아져 내리는 가운데 현각 스님이 차례로 그들의 손가락에 불을 붙였다. 함께 올라간 쾌성 스님도 세세생생 부처님 법 앞에서 불퇴전을 서원하고 앉은 그들의 손을 붙잡아 주었다.

새파란 불꽃이 일어나면서 손가락 마디가 타들어 갈 때마다 대나무 타는 소리가 났다.

현묵·혜근 스님 등은 대승사 윤필암에서 한 철을 정진하고 오대산으로 길을 떠났다. 경상북도의 끝자락에 있는 문경의 윤필암에서 오대산까지는 450리 길. 단양과 영월을 거쳐 진부까지 걸어서 온 그들이었다. 하루에 육칠십 리 길을 걸으면서 그들은 연비하는 마음으로 기도했었다.

'부처님 법에서 결코 퇴전하지 않겠나이다.'

처음엔 이십대의 젊은 스님들 세 사람이 결의를 했다. 스물다섯, 스물일곱, 스물여덟의 젊은 수좌들이었다. 그런데 중간에 오십대의 한 선배 수좌가 그 사실을 알고 '동진출가해서 이렇게 열심히 공부하는데 나도 해야 하지 않겠는가.' 하면서 합류했던 것이다. 길을 걸으면서 '다시 한 번 생각해보라.'는 젊은 수좌들의 건의를 선배 수좌는 거절했다.

'죽어도 할 것입니다.'

그러면서 앞장서는 선배의 결심을 말릴 수는 없었다.

네 비구니는 화두삼매에라도 든 듯 미동도 하지 않았다.

한갓 기름덩어리에 불과한 몸이었다. 육신이란 지수화풍 사대의 모임에 불과한 것이었다. '일대 낙오자가 되리라. 아무도 돌보지 않는 사람, 세상에 필요 없는 사람이 되리라. 그리하여 부처되는 이 공부를 반드시 성취하리라. 사람 노릇을 포기하고 철저하게 중노릇만 하리라.'는 서원을 그들은 가슴에 묻었다.

네 비구니의 여덟 마디 손가락은 정확히 한 시간 십 분 동안 파란 불꽃을 내면서 그들의 영원한 스승이자 사생자부(四生慈父)인 부처님에게 올려졌다. 연비에 이어서 시작된 적멸보궁의 일곱 비구니가 드렸던 그날의 새벽예불은 장엄했다.

지난 안거 한 철 동안 윤필암에서 정진하면서 세심하게 계획했던 일을 차질 없이 끝내고 새벽예불을 마친 네 비구니는 월정사 지장암으로 내려왔다.

오랜 동안 자신들이 쌓아왔을 업장을 소멸함으로써 세세생생 부처님 곁을 떠나지 않을 것이라는 서약을 하면서 '불퇴전'이라는 씨앗을 심어놓은 그들은 언젠가는 부처가 될 것이었다.

마침 한암 스님의 기일에 참석하기 위해 월정사에 와 있다가 이 소식을 들은 인홍 스님은 자신의 상좌, 손상좌 등 네 사람을 데리고 병원으로 갔다. 네 사람의 걸망을 모두 짊어진 채.

그렇게 한국 비구니사상 최초의 연비 행사가 끝났고, 그 후 연비부대로 불리던 네 비구니는 '부처님 법에서 불퇴전하리라.'는 금강과 같은 견고한 마음으로 빈틈없이 진리의 길을 걸었다.

흔하지 않은 이 일은 승가에 널리 알려졌으니, 선승 금오(金烏) 스님이 이 이야기를 듣고는 말했다고 한다.

"연비하던 그 마음으로 공부하면 도가 터졌을 텐데 말이다."

석남사 가풍을 세우다

가지산이 지심귀명례하다

너희 대장, 아직 죽으면 안 돼!

석남사에 회상을 연 지 7년째인 1964년 7월 여름.

치열한 정진과 불사가 쉼 없이 진행되는 가운데 전국에 '공부 잘하는 선원'으로 석남사가 입지를 굳히고 있을 때, 인홍 스님의 몸에 적신호가 왔다. 쉰일곱 살의 나이일 때였다. 갑자기 아무 것도 먹지 못했고 배가 끊어질 듯 아파왔으므로 병원에 갔으나 양방과 한방 모두 정확한 원인을 찾지 못했다. 1960년대 중반이었으니 의술이 지금처럼 발달하지 못했을 때였다.

병에 차도가 없이 두 달 여의 시간이 흘렀다. 인홍 스님은 아무 것도 입에 넣지 못하는 자신을 밤낮으로 간호하면서 정성을 다하는 상좌들에게 말했다.

"걱정하지 마라. 인명은 재천이다. 아마 속가 집에서 어장을 한 과보를 내가 받나보다. 이렇게 치르고 갈 수 있으니 다행이다."

그 사이 어떻게 알았는지 많은 스님들이 문병을 왔다 가곤했다. 담담해 하던 인홍 스님은 향곡 스님이 문병을 왔을 때 눈물을 흘리고 말았다. 강인한 성격의 인홍 스님이었으나 저 15년 전, 월내 묘관음사에서 목숨을 버리고 공부를 이루리라고 원을 세우며 살았던 시절이 떠올랐기 때문이다.

향곡 스님은 늘 '이 일을 해결하지 못하면 살아도 산송장이니 죽여도 살인이 아니다.'라고 말했다. 용맹정진 때 졸고 있는 수좌에게 다가가 불에 달군 한 움큼의 향불로 살갗을 지져댔고, 장삼 끈으로 목을 매어 끌고 다녔던 수행자였다. 깊은 애정으로 후학들을 아껴 경책을 아끼지 않았던 향곡 스님의 방문은 인홍 스님에게 통한의 눈물을 흘리게 했다.

"스님, 제가 공부를 다 하지 못하고 죽게 되었으니 어쩝니까?"

"일어나실 수 있습니다. 쾌차하셔서 공부를 더 해야지요."

그렇게 위로하면서 향곡 스님은 월내 바닷가 찬바람을 맞으면서 화두에 일념하던 인홍 스님의 모습을 떠올렸다. 도의 길 앞에서 누구보다 당당하고 기품 있던 수행자였다.

인홍 스님은 아무 것도 먹지 못했다. 발병 2개월 후 부산에서 가장 유명하다는 병원을 찾았다. 검진을 마친 독일인 원장이 '췌장이 곪아서 터지기 일보 직전이다.'라고 했다. 췌장에 이상이 있었는데 그것을 알지 못하고 2개월 동안 고생을 했던 것이다.

수술 날짜를 잡아놓고 상좌 법희 스님과 불필 스님은 '성전암 큰스님을 찾아뵙자.'는 데 의견을 모았다. 성철 스님이 무엇인가 답을 줄 것 같은 희망을 가졌던 것이다.

파계사 성전암에 도착하자 성철 스님이 기다리고 있었던 것처럼 밖에 나와 포행 중이었다.

그간의 이야기를 들은 성철 스님은 포행 길의 나무 아래 서서 잠시 생각에 잠겼다. 석남사에 깊은 관심과 경책을 내려주곤 했던 성철 스님은 이렇게 지시했다.

"너희 대장! 아직 죽으면 안 된다. 살려내야 된다. 이렇게 해라. 돌아가서 〈능엄주〉와 대참회로 삼칠일기도(21일 기도)를 해라. 스무 하루 동안 목탁소리와 염불소리가 일분일초도 그쳐서는 안 된다. 향을 피워놓고 절을 하고 염불을 하되 두 사람은 〈능엄주〉를 외고, 두 사람은 108대참회를 해라. 기도하는 동안엔 대웅전 법당 안에 일반인들을 들여놓지 마라."

석남사로 돌아오는 두 사람의 발걸음은 가벼웠고, 도착하자 이 사실을 사형인 묘경 스님에게 알렸다. 발병 후 쉬지 않고 은사를 위해 기도해왔던 묘경 스님은 곧바로 대중공사를 해서 조를 짜고 기도를 시작했다.

인홍 스님에 대한 대중들의 지극한 염원이 석남사 도량에 울려 퍼졌다. 어느 때보다 간절하고 깊은 기도가 시작된 것이다.

다음날 법희·불필 스님 두 사람이 병원으로 가니 이미 인홍 스님은 수술실에 들어가 있었다. 일주일 동안 검사를 하고 난 다음 수술을 하려고 했던 것이 상태가 너무 좋지 않아서 급히 수술을 시작한 것이다. 공교롭게도 석남사 대중이 기도 입제를 시작했을 때 수술이 시작된 것이다.

하늘을 움직인 기도

석남사에서는 성철 스님이 지시한 21일 기도가 인홍 스님이 수술실에 들어가 있는 동안에도, 수술 후 혼수상태에 있는 동안에도 쉬지 않고 계속되고 있었다. 기도를 집전하는 부전을 16명으로 구성하고 〈능엄주〉를 송하는 두 사람, 108대참회를 하면서 절하는 두 사람, 즉 네 사람을 한 팀으로 해서 네 팀을 만들었다. 그리고 두 시간씩 교대해서 24시간 계속 21일 동안 장좌 기도가 시작된 것이다.

법당에서는 향과 촛불이 하루 종일 꺼지지 않았고 〈능엄주〉를 외면서 치는 목탁소리와 대참회 절을 하면서 치는 목탁소리가 가지산을 넘어 하늘에 닿는 듯했다.

스타타가토스니삼 시타타파트람 아파라지탐 프라튱기람 다라니
나맣 사르바 붇다보디사트베뱧
나모 샴타남 사먁삼붇다 코티남 사스라바카삼가남
나모 로케아르한타남
나모 스로타판나남
나모 스크르타가미남
나모 아나가미남
나모 로케사먁가타남 사먁프라티판나남
나모 라트나트라야야
나모 바가바테 드르다수라세나 프라하라나라자야

빠르게 암송하는 〈능엄주〉는 목탁소리와 함께 도량에 가득했고 절을 하면서 하는 대참회의 목탁소리는 가지산을 흔들었다.

대자비로 중생들을 불쌍히 여겨
대희 대사 베푸시어 제도하시고
수승하신 지혜 덕상 장엄하시니
저희들이 지성으로 예배합니다.

대중은 한마음으로 부처님 이름을 한 분 한 분 부르면서 그들의 소중한 정수리를 가장 낮은 바닥에 대었다. 일체중생을 대신하여 참회하고 발원했다.

"모든 중생이 지은 죄를 저희들이
천 분의 일, 만 분의 일이라도 대신 참회하겠습니다.
일체중생을 고통에서 벗어나게 해주십시오."

대중은 절을 하고 또 했다.

지심귀명례 금강상사

귀의불 귀의법 귀의승

제가 이제 발심하여 예배하옴은

제 스스로 복 얻거나 천상에 나며

성문 연각 보살 지위 구함 아니요

오직 오직 최상승을 의지하여서

아뇩다라 보리심을 냄이오니

원하건대 시방세계 모든 중생이

다 같이 무상보리 얻어지이다

  그간 얼마나 많은 날들을 이 구절을 되 뇌이면서 발심했던
가. 대중들의 절은 날이 갈수록 간절했다.

지심귀명례 시방 진허공계 일체제불

지심귀명례 시방 진허공계 일체존법

지심귀명례 시방 진허공계 일체현성승

지심귀명례 여래 응공 정변지 명행족 선서 세간해 무상사 조어

장부 천인사 불세존

지심귀명례 보광불
지심귀명례 보명불

한마음으로 염불하고 절하는 대중들의 이마와 온몸에서 땀
방울이 송송 배어나왔다. 대중들의 간절한 염불소리에 가지산
도 온몸으로 지심귀명례 하는 듯했다.

지극한 마음으로 목숨 바쳐 예경하나이다.
부처님이시여! 우리 스님을 위해 기도하나이다!

인홍 스님의 도반인 성우 스님이 입승을 보던 때였는데, 훗
날 성우 스님은 그 때를 두고 "선방의 스님들까지도 모두 나와
기도를 하고 선방에 앉으면 온 도량에서 '지심귀명례' 하는
소리가 났다."라고 회고할 만큼, '지심귀명례, 목숨 바쳐 기원
하고자' 하는 염원이 석남사 도량을 가득 메운 것이었다.

지심귀명례 법계장신아미타불

대중 모두는 한마음이었다. '인홍 스님을 잃으면 안 된다.'

는 그 마음이 염불과 목탁소리에 섞여 제불보살의 마음을 움직였다. 하늘을 움직인 기도였다.

네 분 부처님의 출현

11시간의 긴 수술을 집도하고 나온 독일인 원장은 '췌장이 곪아서 터져 있었는데도 살아난 것은 기적이다.' 라고 했다. 1천 명 중 한 사람도 성공하기 어려운 수술이라면서 수술 결과를 본국인 독일에 보고하기도 했다.

수술 후 인홍 스님의 몸에선 호스를 통해 피고름이 한없이 흘러 내려왔다. 몸이 그렇게 되는 것도 모른 채 정진과 불사에 매달려 있었던 것이다.

사흘 후 혼수상태에서 깨어났다. 곁을 떠나지 못하고 스물네 시간 병상을 지켰던 상좌 법희 스님이 다가가 손을 잡으며 물었다.

"스님! 시원하세요?"

인홍 스님은 눈을 감은 채 대답했다.

"그래. 이젠 하나도 아프지도 않고 시원하구나."

스님은 눈을 조용히 뜨고 상좌들을 바라보면서 말했다.

"내가 부처님의 가피를 입었다. 수술대에 누워있는데 말이다. 문수보살님과 보현보살님, 그리고 관세음보살님과 대세지보살님께서 나타나시더니, 네 분 모두 내 주위에 둘러서서 배를 만져주시더구나."

췌장의 염증은 다른 병보다 아주 고통스러운 증세를 나타내는 병이었으나 인홍 스님은 수술 후 진통제 하나 맞지 않고 견디면서 일주일 만에 실밥을 뽑는 등 빠르게 몸을 회복했다.

수술 후 병세가 회복되는 중에도 석남사의 21일 기도는 계속되고 있었다. 대중은 이제 환희로움 속에서 기도를 하고 있었다.

부처님 은혜에 대한 감사함이 모든 대중들 마음속에 가득했다. 그 감사함과 기쁨 또한 하늘에 닿았고 가지산을 타고 넘어 우주 법계에 가득했다. 온 대중이 부처님의 가피가 무엇인지 온몸으로 느낀 순간이었다.

정성이 지극하면 반드시 불보살의 가피가 있다는 것을 인홍 스님이 가르쳐준 셈이었다. 불제자는 부처님의 위신력으로 살아감을 온 대중이 절절하게 느낀 것이었다. 인홍 스님은 병을 통해 대중들에게 그것을 가르쳤다.

21일 장좌기도 회향일에 인홍 스님은 퇴원을 하고 석남사로 돌아왔다. 그리고 가사 장삼을 수한 채 대웅전 법당 한가운데 섰다. 부처님을 향한 스님의 삼 배는 참으로 경건했다.

"고맙습니다. 부처님! 신명을 다 바쳐 부처님 은혜를 갚겠습니다."

스님은 그 어느 때보다 간절히 부처님과 제불보살, 그리고 자신을 위해 기도해준 대중들에게 감사한 마음으로 절을 했다. 대중은 언제나 자신들을 위해 헌신했던 인홍 스님을 위해 간절한 기도로 보답했고, 인홍 스님은 사지에서 벗어나 자신을 위한 기도 회향일에 법당에 섬으로써 대중들의 지극한 정성에 화답했던 것이다.

그 후 석남사에서는 매년 정월 초사흘부터 일주일 동안 〈능엄주〉와 대참회로 정진하면서 향과 촛불이 꺼지지 않게 하는 장좌기도가 전통이 되었다. 해마다 정월이 되면 어김없이 대중이 함께 기도하는 그 기간, 대중은 물론 석남사 도량까지도 삼매에 들어 불보살을 찬탄하는 것이다.

은사의 병고 앞에서 밤낮으로 간호했던 법희 스님은 이렇게 회고했다.

"스님께선 여러 차례의 병고를 치루셨다. 일흔여섯일 때도

책장 넘기는 바람 하나도 쐬지 못하는 3차 신경통이라는 지독
한 병을 앓으셨다. 제일 어른이라고 해서 참선방 양쪽 문의 가
장 중앙에 앉으셔서 그런 것이 아닌가 싶다. 옛날 집들이 문이
하나도 귀가 맞지 않아 바람이 술술 들어왔는데, 오랜 세월 그
바람을 다 맞았으니 몸이 그리 되셨을 것이다. 여든이 넘어서
는 다리가 아파서 걷는 것이 불편하셨다. 그럼에도 스님은 언
제나 가사 장삼을 수하시고 당신 방에서 홀로 조석으로 예불
을 드리셨다."

통도사의 선지식들

인홍 스님이 석남사에서 자리를 잡았던 1950년대 통도사는 불보(佛寶) 사찰로 우리나라 불교의 종가(宗家)로서의 위엄을 드러내고 있었다. 당시 통도사에는 구하 스님, 경봉 스님, 월하 스님, 벽안 스님 등 당대의 선지식들이 머물고 있었다. 석남사는 통도사 분원으로 등록되어 있다가 통도사가 총림이 되면서 수말사가 되었다.

당시 통도사에서 가장 큰 어른은 구하 스님으로 사제인 경봉 스님과 함께 근세 통도사의 역사 자체라 해도 과언이 아니다.

기도를 열심히 하기로 소문난 구하 스님은 1911년 통도사 주지가 되어서 당시 대처승들로 인한 사찰 내 폐습을 일소하고, 강원과 선원을 복원했다. 1950년에는 초대 중앙총무원장에 취임했다.

구하 스님은 은밀히 상하이 임시정부에 많은 독립운동 자금을 대는 큰 자금줄의 역할을 하고 있었는데, 이를 눈치 챈 일제가 구하 스님을 주지에서 쫓아내려고 한 적도 있었다. 독립운동 자금을 받으러 오는 사람은 항상 걸인 행색을 하고 구하 스님 방 앞에서 행패를 부리면 구하 스님이 데리고 들어가 슬며시 자금을 건넸는데, 어찌나 은밀하고 눈 깜짝할 새 건네지는지 그 바로 옆에 있던 시자들도 전혀 눈치 챌 수 없었다고 한다.

1965년에 세수 94세, 법랍 82세로 열반에 든 구하 스님은 일흔이 넘은 연세에도 사십대인 율사 자운 스님에게 아침마다 문안인사를 했다고 하는데, 이를 이상히 여긴 시자가 물었다고 한다.

"큰스님께서는 왜 젊은 스님에게 시봉하러 오십니까?"

그 물음에 구하 스님이 이렇게 답했다고 한다.

"나의 은사 스님께서 열반하시기 전에 나에게 '이러 이러한 모습의 스님이 오면 너희 스승으로 믿고 섬겨라.' 하고 유언을 하셨다. 자운 스님의 행동 모든 것은 나의 은사 스님이 되는 것이다."

　이렇듯 스승과 제자의 법도가 면면히 전해지고 종가의 전통이 살아있던 통도사였다.

　경봉 스님은 1949년 4월 통도사 주지로 보임되어 선풍(禪風)을 드날렸다. 62세가 되던 1953년 11월에 통도사 극락호국선원(極樂護國禪院)의 조실(祖室)로 추대되었으며, 삼소굴(三笑窟)이라는 토굴에서 입적하던 날까지 30여 년을 머물렀다.

　삼소굴에서 설법과 선문답으로 찾아오는 불자들을 지도하면서 참선수행에 몰두했다. 언제나 온화함과 자상함을 잃지 않았고, 청렴하고 검소한 생활을 했으며, 꾸밈없는 경지에서 소요자재(逍遙自在)하였으므로 항상 주변에 구도자들이 가득했다.

　90세의 노령에도 법좌에 올라 설법하였는데, 매 회마다 1천여 명 이상의 대중이 참여했다. 당시 너무나 자상하게 법문을 해서 '살아있는 자비보살'로 불렸던 선지식이었다.

　'영축산 도인'이요, '통도사 군자(君子)'로 불렸던 스님은 참선을 수행의 중심으로 삼되 경전공부와 염불도 겸했고, 주지직과 포교사 역할까지 기꺼이 맡았던 대승보살(大乘菩薩)의 모범을 보인 수행자였다.

대한불교조계종 9대 종정을 역임한 월하(月下) 스님도 통도사의 빼놓을 수 없는 선지식 중의 한 사람이었다.

인홍 스님이 석남사에 자리를 잡았을 때 월하 스님이 주지 소임을 보고 있었다. 그 후 월하 스님은 통도사 전계화상, 통도사 조실, 영축총림 방장을 역임하면서 통도사와 역사를 함께 했다.

인홍 스님은 월하 스님과 조계종 종회의원과 정화운동을 함께 하면서 활동을 했는데, 석남사가 큰 도량 불사로 인해 식량이 떨어졌을 때 쌀 스무 가마니를 내주기도 하는 등 여러 어려운 일들을 도와주었다.

인홍 스님이 큰 수술을 받고 얼마 안 있다가 통도사에 다니러 갔을 때, 저녁에 월하 스님이 인홍 스님이 머무는 방으로 와서 준비해온 따뜻한 물을 들여놓았다. 수술을 한 다음이어서 몸이 불편할 거라 여기고 시자를 시키지 않고 직접 물을 가져올 만큼 마음이 따스했으며 인홍 스님을 존중했다고 한다.

1994년 9대 조계종 종정이 되어 종단을 이끌 때에도 권위를 내세우지 않고 찾아오는 모든 이들을 만나 불법에 대한 이야기, 살아가는 이야기를 해주는 소탈함을 보여주었던 수행자였다. 결제 때마다 법문을 들으러 간 석남사 학인들에게도 선지

깊은 법문을 아끼지 않았다.

　“많은 이들이 지나칠 정도로 대접받기를 원하는데 그것은 부처님의 가르침과는 먼 것입니다. 나는 내 거처 주변의 잡다한 일들은 가능한 내 손으로 하고 있습니다. 그것은 내가 무슨 일을 잘해서가 아니고 남의 손이나 생각을 빌리면 내가 하는 것 보다 열 번은 더 일이 많아지기 때문입니다. 움직일 수 있을 때까지는 움직이고 부처님 가르침대로 실천하다가 가야합니다. 백 가지 말보다 한 가지의 실천을 생활 속에서 이루어 내도록 노력해야 합니다.
　부처님 가르침 중에 ‘낙엽귀근(落葉歸根)’이라는 말씀이 있습니다. 나무에서 떨어진 잎은 반드시 나무뿌리로 돌아간다는 뜻이죠. 이처럼 자신이 나온 근본처에 대한 간절한 귀의가 자연의 이치라는 가르침입니다. 철저하게 자기 근본처에 귀의하고자 하는 수행을 핵심으로 삼는 것이 불교입니다. 세상살이는 자신이 태어난 고향이나 부모 등을 중히 여기며 살아가지만 출가자는 그러한 현실적인 것들을 희생하면서까지 본래 밝아 있는 성품을 찾고자 매진하는 것입니다.
　불제자는 마땅히 불성을 밝히는 노력으로 자신의 성품자리를 찾고야 말겠다는 대발심을 일으켜야 합니다. 그래서 삶 속에서의 실천을 통해 마침내 부처님과 같이 영원한 대자유인이 되는 길을 묵묵히 가야 할 것입니다.”

이러한 법문을 들으면서 석남사 대중들은 발심을 하곤 했다. 월하 스님은 또 스승의 말씀을 전하면서 후학들에게 수행에 분발할 것을 당부하기도 했다.

“출가해서는 은사이신 구하 스님의 지도를 받으며 도반들과 함께 무조건 시키는 대로 했다. 은사 스님의 말씀이라면 ‘힘들다, 어떻다’ 하는 이유는 꿈도 못 꿨다. 스님의 말씀이 곧 부처님의 말씀이라 믿고 그대로 따른 것이다.

구하 스님께서는 항상 ‘부처님의 말씀에 어긋나지 않고 대중에게 지탄받지 않게 수행하라.’고 하셨다. 사실 이 가르침은 실천하기가 여간 어렵지 않다. 언행 하나하나에 마음을 쏟아야 가능한 일이라, 그대로 그저 그 가르침에 따르기 위해 최선을 다했다. 행여 부족한 면이 있으면 더욱 분발하려고 애를 썼다.”

인홍 스님의 방엔 월하 스님이 써서 준 액자 하나가 항상 걸려 있었다. 중국의 원관(圓觀) 스님이 쓴 시다.

三生石上舊情魂
賞月吟風莫要論
慙愧情人遠相訪
此身雖異性長存
身前身後事茫茫
欲話因緣恐斷腸
吳越山川尋已遍
却廻煙掉上瞿塘

삼생 돌 위 옛 주인이여
달구경 풍월함은 말하지 마라.
부끄럽다 정든 사람이 먼 곳에서 찾아오니
이 몸은 비록 다르나 자성은 항상 같다.
전생 내생 일이 아득하여 알 수 없는데
인연을 말하고자 하니 창자가 끊어질 것 같다.
오나라 월나라 산천은 이미 다 보고
도리어 배를 돌려 구당으로 간다.

이 시는 중국의 역사책인 《당서(唐書)》에 나오는 것으로, '이원방원관(李源訪圓觀)'이라 하여 이원(李源)이라는 사람이 원관(圓觀) 스님을 찾아간 이야기에 실려 있다.

이 이야기는 전생의 일을 조금도 잊어버리지 않고 그대로 기억하고 있으며 자유자재한 삶을 산 사람의 고사인데, 월하 스님은 석남사 대중들에게 이 이야기를 예로 들어 법문했다. 그리고 원관 스님의 시를 써서 인홍 스님에게 주었던 것이다. 영겁불망의 삶을 산 선지식들의 삶을 본받자는 뜻이었을 것이다.

월하 스님이 활달한 필체로 써서 준 이 액자는 인홍 스님이 열반하고 나서도 지금까지 석남사 선원장 방에 걸려 옛 도인들의 삶을 기리고 있다.

이밖에도 통도사엔 역경원장을 지낸 운허 스님, 율사 자운 스님 등 당대의 선지식들이 머물기도 했는데, 인홍 스님은 이 모든 선지식들에게 가르침을 받으면서 석남사를 이끌어갔다.

현재, 한 달에 한 번의 포살법회와 결제와 해제 때마다 온 대중들이 참석해 조실 스님의 결제와 해제 법문을 들으면서 수행 정진하고 있다.

"비구니의 위상이 미미했던 시절에도 구하 스님과 월하 스님 두 분께서는 인홍 스님을 매우 존중해주셨다. 그것은 스님의 생활이 반듯하고 매사에 잘 사셨기 때문에 가능한 일이었을 것이다.

인홍 스님은 모습 자체가 비구 같았고 성격도 대담하셨다. 자신에게는 매우 인색했으나 수행자들의 공간을 마련하기 위해 물불을 가리지 않은 것은 나의 은사이신 월하 스님과 같았다.

인홍 스님은 자신에 대한 엄격함을 지니면서 한편으론 권속들을 아끼는 자애스러움을 함께 갖춘 분이었다. 그런 면을 갖추고 있지 않으면 스쳐갈 뿐 기억되진 않는다. 부처님이 살아가셨던 길을 충실히 따라가셨던 분이다.

한번은 통도사에서 석남사엘 가니까, 노스님께서 착잡해하고 계셔서 여쭤보니, '한 사미니에게 용납할 수 없는 일로 한두 번 경책을 했으나 듣지 않아 가사 장삼을 모두 환수하고 입고 왔던 옷을 입혀 보냈는데 마음에 걸린다.'고 하셨다. 그 모습을 보면서, 밖에서 보기엔 엄숙하고 강한 모습이어도 저렇게 고뇌하는 부분이 있구나 생각했다.

노스님은 한참이나 후학인 내게 항상, '중노릇 잘하라.'고 하시면서 많은 것을 일깨워주었다. 삶 자체가 당당함 그것이었고 한 마디로, '호걸'이셨다."

통도사로 출가해서 구하 스님과 월하 스님을 시봉했던 현문 스님(전 통도사 주지)의 증언이다.

"인자하고 자비상이 넘치는 모습과 함께 아주 장부의 기질을 가지고 있는 스님으로 각인되어 있는 분이다. 정진력이 뛰어났고 소박하고 예를 잘 알아 사람대접을 여법하게 하셨다. 또 스님만큼 사심이 없고 삼보정재를 아꼈던 분도 드물 것이다. 살아있는 정신으로 불법을 외호했던 수행자다.

최근 석남사 천도재에 참석한 일이 있는데, 결제대중 80여 명이 모두 동참하는 것이었다. 모든 일에 여법한 대중들을 보면서 인홍 스님의 가르침이 그대로 석남사의 가풍으로 전해오고 있음을 느꼈다."

벽안 스님 제자이며 통도사 강원 강주(講主)를 지내고 조계종 종립 승가대학원장으로 있는 지안(志安) 스님의 회고다.

1985년 4월, 통도사를 방문해서 월하 스님과 함께했다. 월하 스님 옆이 인홍 스님, 뒷줄 왼쪽부터 도반 혜해 스님, 혜춘 스님, 성우 스님의 모습이 보인다. 통도사 조실, 영축총림 방장을 지낸 월하 스님은 큰 불사로 인해 석남사에 식량이 떨어지자 쌀 스무 가마니를 내주는 등 여러모로 석남사를 도왔다.

법답게 살라

석남사의 대중공사

석남사의 대중공사는 대체로 시간이 길고 인홍 스님의 법문으로 이어지는 시간이었다.

어느 날 새벽예불이 끝난 뒤 강선당(講禪堂)에서 열여섯 살 난 행자가 잠깐 졸고 있었다. 선방에선 입선하고 행자들은 강선당에서 《치문(緇門)》을 배우고 있던 시각이었다. 아침 공양 30분 전쯤, 선원에서 방선을 알리는 죽비 소리를 듣던 행자는 너무 고단한 나머지 얼굴을 책상에 묻고 말았다.

그때 선원에서 나온 인홍 스님이 화장실에 다녀오다가 강선당의 문을 열었다. 스님의 하루 일과 가운데 하나였다. 문을 연 스님의 눈에 책상에 얼굴을 묻고 있는 행자가 들어왔다.

"공부하는 중에 잠을 자서야 되겠느냐? 석남사에서 나가라!"

스님의 벽력같은 소리가 새벽의 하늘을 갈랐고 석남사 대중 모두는 숨을 죽였다. 그날 섭진교까지 맨발로 쫓겨났던 행자는 다시 들어와 선방에 무릎을 꿇은 채 앉아 있었다. 대중공사를 붙인 것이다. 세상의 존재하는 모든 것에 스승이 될 사람 아닌가. 그 막중한 임무를 지고 귀한 자리에 있는 사람이 졸음을 이겨내지 못하고 잠을 자서는 아니 될 일이었다. 수행자의 위의를 벗어나는 일이나 게으름을 한 치도 용납하지 않은 스님이었다.

하루 종일 운력이 많은 석남사였지만 대중들의 헌신은 아름다웠다. 조금이라도 더 일을 해서 다른 사람의 일을 덜어줘야겠다는 생각을 하면서 서로를 도왔다.

"오늘 새벽 저 아이가 공부 중에 책상에 머리를 묻고 잠을 잤습니다. 어떻게 하시겠습니까?"

인홍 스님이 대중에게 물었다.

대중 한 사람 한 사람 앞에 절을 하면서 참회하는 행자에게 대중들은 행자의 허물을 들어 나무랐다. 예전에 눈여겨보아 두었던 행자의 허물을 하나하나 들추어내서 한꺼번에 경책하는 것이었다.

걸음걸이 한 번 잘못 걸었던 것까지 들춰내는 자리였다. 수행자가 되는 길이란 그렇듯 혹독한 수련과정이란 걸 그렇게 해서 가르쳤던 것이다.

새벽녘 잠깐의 졸음도 허용하지 않은 인홍 스님이었으니 다른 일에선 어떠했겠는가.

승려의 자질을 인정받지 못하고 쫓겨나면 전국의 다른 사찰에서 받아주지 않던 시절이었다. 사발통문을 보내 모든 이야기를 전하기 때문이다. 받아주더라도 자신이 머물던 사찰에서 용서를 받고 와야 받아준다는 주문을 했다. 그러므로 사찰에서 한번 쫓겨난다는 것은 승려로서 치명적이었다.

행자의 참회는 하루에 한 번으로 끝나는 것이 아니었다. 스님은 날마다 찾아와 참회를 하는 행자를 쉽게 용서하지 않았다.

'인천(人天)의 사표가 될 신분이 아니더냐. 이런 과정을 견뎌야 하느니라.'

마음은 그러했지만 냉랭하리만치 무심하게 대했다.

석남사의 칼날 같은 규율과 빈틈없는 수행 정진은 어느덧 전국에 '석남사는 중노릇을 잘 하고 비구니계에선 모범이다. 그곳에 가면 규율이 엄하고 일은 고되지만 공부를 제대로 할 수 있다.'라고 소문이 나 있었다. 전국에선 예비승려들이 몰려와 행자를 자청했다. 그러므로 석남사 행자들은 어느 곳보다 행자시기가 길었다.

행자시절은 '이 사람이 하늘조차 숭배할만한 자질을 가졌는가.', 그리고 '과연 도를 위해 모든 생활에 하심할 수 있는가.'를 보는 기간이었다. 석남사의 행자는 새벽예불 때부터 밤에 잠들 때까지 조금도 쉴 틈을 주지 않았다. 그런 시간 속에서 하심을 배우고 인욕을 익히고 아상(我相)을 버리는 것이었다.

행자는 일주일 동안의 참회를 거쳐 겨우 용서를 받았다. 일주일 동안을 대중공사를 당하고 참회를 하고 나서야 석남사에 있을 수 있게 된 것이다. 열여섯 살의 어린 행자는 그런 혹독한 단련을 거쳐 30여 년 뒤 석남사 주지 소임을 맡았다.

현재 봉녕사 강사로 있는 손상좌 도혜(盜慧) 스님은 '나의 중노릇은 석남사의 엄한 교육과 성철 스님의 수행풍조 사상이 곁들여진 인홍 스님의 회상에서 제대로 확립되었다. 강원을 나와 지금까지 흔들리지 않고 수행자의 자세가 견지될 수 있었다.'라고 그 시절을 돌아보았다.

山色一萬峯白雪

석남사 정수원 수좌 스님들의 방선 후 포행 모습이다. 사진 김민숙

계행이 분명한 수행자

인홍 스님의 수행자에 대한 예우는 철두철미했다. 잘난 사람과 못난 사람, 양반과 상놈, 어린아이와 어른 분별없이 부처님처럼 대접했다.

석남사에 부목이 한 사람 있었다. 고등학교를 막 졸업하고 온 청년이었다. 1년 동안 두루두루 절집의 모든 일을 했던 청년이었다.

하루는 스님이 그를 불렀다. 생김새도 점잖고 무한한 가능성이 있는 나이의 젊은이였다.

"언제까지 이렇게 살 것인가? 출가해서 수행을 해라."

청년은 스님의 말을 듣고 심사숙고하는 눈치더니 며칠 뒤에 와서 출가를 하겠다고 했다.

"그래, 잘 생각했다. 열심히 공부해서 큰 수행자가 되어야 한다."

스님은 그를 밀양의 표충사로 보냈다. 여법하게 출가의 길을 가고 있는 노스님 한 분에게로 보낸 것이다. 그리고 몇 해가 흘렀다. 어느 날 젊은 비구 한 사람이 석남사 종무소로 들어서는 데 보니, 부목 일을 하던 청년이었다. 석남사 대중 몇 사람이 반겼다. 외출에서 돌아온 인홍 스님은 소식을 듣고 방

으로 들어가 가사 장삼을 차려입고 나왔다

"잘 오셨습니다. 스님, 거기 앉으세요."

그리고는 그를 앞에 앉혀놓고 삼배를 했으며, 여법하게 잘 대접해서 보냈다.

젊은 비구가 돌아간 뒤 '스님은 인사나 받으시지 장삼까지 수하시고 절을 하십니까.' 하는 상좌들의 말에 이렇게 답했다.

"무슨 소리를 하는가? 저 스님은 예전의 부목이 아니고 헌 헌장부의 길을 가고 있는 출가자가 아니더냐?"

수행자로서의 자긍심과 기상이 하늘을 찌를 듯 당당했으나, 계율 앞에선 하심을 철저히 했던 수행자였다. 그 당당한 기상과 하심이 인홍 스님이 대중을 이끌 수 있었던 힘이었다. 상대방을 압도하는 기상은 타고난 성품과 평소 닦은 수행력과 신심의 결과였다.

스님의 계율에 대한 인식은 확고했다. 본인 스스로 계율을 어기지 않았으며, 후학들에게도 혹독하게 가르쳤다.

"깨끗한 그릇에 물을 담으면 깨끗한 물이 되고 더러운 그릇에 물을 담으면 더러운 물이 되듯이 수행자는 계행이 근본이 되어야 한다."

인홍 스님이 늘 대중들에게 강조한 말이었다. 수행자는 계율 안에서의 일상생활이 누구보다 잘 다듬어진 사람이어야 한다는 생각을 가지고 있던 스님은 후학들의 교육에 대해 늘 고뇌했다. 바늘 끝 하나만큼도 인과에서 벗어나는 일은 없는 것인데, 자신이 일일이 대중들의 일상생활을 가르치는 것에는 한계가 있다는 생각이 들었다. 그러던 가운데 율사 자운 스님이 편찬한 《자비참기도문》이 발행되자 그 책을 가지고 석남사의 대중들에게 정기적으로 기도하게 했다.

자비참기도는 중국 양나라 무제(武帝)가, 살아생전에 성품이 악독하여 질투심으로 온갖 악행을 저질러 죽어서 구렁이 몸을 받은 황후 치씨를 위하여 만든 참회의식이다. 자비참기도는 법문과 참회, 염불과 발원으로 구성되어 있다.

자신이 하는 일들이 얼마나 인과에 어긋나며 조심해야 할 부분들이 많은가 돌아보게 하는 참회의 기도문이었으니 후학들에게 계율에 대한 경각심을 그렇게 심어주었다. 지금은 여러 도량에서 행해지고 있으나 석남사의 자비참기도는 이러한 인홍 스님의 계율수호에 대한 고뇌에서 이루어진 것이다.

월정사 회주인 현해(玄海) 스님은 인홍 스님의 폭넓은 태도에 대해 이렇게 회고했다.

"내가 월정사로 출가한 지 한두 해 후인 1960년이었을 것이다. 통도사에 들렀다가 석남사를 참배하러 가는 길에 버스정류장에서 우연히 인홍 스님을 만났다. 절에 들어서자 스님은 가사 장삼을 입고 와서는 내게 절을 하는 것이었다. 이십대 후반의 햇중인 내가 당황해서 어쩔 줄 몰라 하자, 스님께서는 '스님, 그러시면 안 되는 겁니다. 앉으셔서 절을 받으세요.' 하시는 것 아닌가. 그러나 연세 드신 주지 스님에게 그럴 수는 없어서 마주 절을 올리고 앉아 있는데, 조금 있다 나가시더니 전 대중들에게 가사 장삼을 입게 하고 나에게 절을 시키는 것이었다. 머리가 희끗희끗한 노장 등 사십여 분이 넘어 보였다.

그 후 종회 회의에서 만나면 '부디 중노릇을 잘하시고 한암 스님의 법을 이어서 월정사를 잘 보호하셔야 합니다.'라고 항상 격려해주셨다. 그때도 스님은 어려운 총무원을 많이 도와주셨다. 그때 나는 '참 지혜로운 스님이시다.' 라는 생각을 했다.

그 후 1992년도에 월정사 주지 소임을 볼 때였다. 내가 주지가 되었다고 격려 차 보따리를 몇 개나 싣고 오셨다. '월정사는 살림이 어려운 절인데 주지하면 고생이 심할 것이다.' 라고 하시면서 내복이며 수건 등을 가지고 오셨다. 그때도 여전히 가사 장삼을 수하시고 절을 하셨다. 내가 마주 절을 하자 '비구 스님이 더구나 본사 주지 스님이 그러시는 게 아닙니다. 앉아서 절을 받으셔야죠.' 라고 하시며 만류했다.

그때 인홍 스님의 연세가 팔십이 넘어서였다. 얼굴은 여전히 깔끔하시고 티 하나 없으셨다. '이제 월정사도 살만하다.'고 말씀드렸으나, 인홍 스님은 이듬해 또 보따리를 싸 가지고 오셨다. 당신이 지장암에 사실 때 어려웠던 것을 잊지 못하신 것이다.

근래 비구니 스님 가운데, 종단과 출가 본사에 대해 큰 애정을 가지고, 또 비구 스님에 대한 예의가 그렇듯 철저하신 분을 보지 못했다. 하심하는 자세와 예를 잘 갖춘 인홍 스님 같은 분을 만나기가 쉽지 않다."

비구니의 위상이 확립되지 못했던 당시 승가의 풍토에서 자기 자신은 일꾼이었던 비구에게 절을 할지언정 비구니의 위상만큼은 올려놓아야 한다고 생각한 인홍 스님이었다. 뼈를 깎는 수행 정진과 빈틈없는 지계(持戒)와 하심에서 위상이 성립된다고 믿었던 스님을, 후학들은 '폭이 넓고 계행이 철저했던 수행자'라고 증언했다.

그렇게 깍듯이 비구를 예우했으나 원칙에 벗어나는 일 앞에 선 아무리 존경하는 선지식이라 하더라도 동의하지 않았다.

어느 회의 자리에서였다. 율사인 자운 스님이 '젊은 비구와 비구니의 복색을 좀 달리해야한다.'고 의견을 내자 평소 존경하던 스님이었으나, 스님은 단호하게 대처했다고 한다.

"스님! 우리는 비구 스님네가 치마를 입으시면 저희도 치마를 입고 바지를 입으시면 저희도 바지를 입겠습니다."

물론 비구·비구니의 복색에 대한 논의는 더 이상 개진되지 않았다. 스님은 정당하다고 생각하는 것에 대해선 누구 앞에서든 굽히는 법이 없었다. 안경 너머로 상대방을 바라보는 눈빛엔 함부로 범접할 수 없는 위의가 서려 있었다.

인홍 스님을 알고 있는 비구 스님들은 한결같이 '계율과 수행정진에 철저하고 실수가 없는 사람이었다.'라고 증언하고 있다.

표현이 별로 없고 잘 웃지 않았던 인홍 스님을 두고 사람들은 '차가운 비구상'이라고 표현했다. 그러한 평가는 타고난 성정 탓도 있겠으나 엄하고 분명하지 않으면 안 되는 지도자로서의 고뇌가 스님을 더욱 그렇게 만들었을 것이다.

자신은 물론 대중에게 엄격하고 매사에 서릿발 같은 경책을 내렸으나 천진난만한 면도 있었다.

"1966년 대한불교조계종 종회의원을 역임하실 때의 일이다. 종회의원이신 내원사 수옥 스님과 대원사 주지이신 법일 스님 이렇게 세 분이 내원사에서 이른 아침부터 종회 일로 한양 길을 떠나셨다. 수옥 스님은 덕을 겸하시고 법일 스님은 자상하신 분이며 우리 스님은 엄하신 분이었다.

내원사에서 차를 타는 입구까지는 한참 걸어야 한다. 인적 드문 산길을 따라 세 분을 모시고 가는데, 우리 스님이 갑자기 '대장이다.' 하면서 명령을 내렸다. 5분간 돌아가면서 대장이 되는 것이다. 법문을 하라고 하면 법문을 하고 노래를 하라고 하면 노래를 하는 것이다. 무조건이었다. 세 분이 돌아가면서 노래를 하고 법문을 하는 모습은 평상시 엄한 모습에선 볼 수 없었던 동심의 세계 그대로였다. 오래 간직하고 싶은, 덕으로 수행을 닦으시고 자상하며 엄하신 비구니 어른 스님들의 모습이었다.

서울에 올라가 모시고 있을 때, 숯가루가 없어서 먹물로 우리 스님의 삼베옷을 손질해드렸더니 회색 아닌 검정 옷이 되었다. 비구와 대처간의 화동(和同)이라는 회의 안건으로 열린

종회는 예상보다 길어졌다. 여름철이라 비가 오니 옷이 문제였다. 그것도 임시 머무는 선학원에서 방에다 불을 때어 익숙하지 못한 솜씨로 잘 손질된 회색 옷을 검정 색으로 손질해드렸는데도 아무 말씀도 안 하시고 입으셨다.

종회 기간이라 큰스님들과 많은 스님들이 우리 스님을 보시고는 웃고 지나가셨다. 지금 스님이 계시다면 검정색이 아닌 회색으로 다시 한 번 잘 해드리고 싶다."

불필 스님의 회고다.

폭이 넓었던 수행자

인홍 스님과 역경사업

인홍 스님의 대의(大義)를 위해선 발을 벗고 나선 일 중에 가장 대표적인 일은 조계종단의 역경사업(譯經事業)을 도운 일이다. 일평생 청빈한 삶, 두타행을 추구했던 수행자였으나 종단의 일에 동참하여 언제 어디서나 공심(公心)으로 깨어 있었던 수행자였다.

1960년대 중반, 석남사 불사가 한창일 때 인홍 스님은 당시 청와대 비서실장으로 있던 이후락씨를 만났다. 불사비용이 만만치 않게 들어가고 있을 때, 울산이 고향이며 또 부인이 석남사를 가끔 찾는 연고를 들어 그를 만나보면 어떻겠느냐고 석남사의 한 신도가 귀띔을 한 것이었다. 불사금에 대한 부탁으로 어느 개인을 찾는다는 것은 인홍 스님에겐 거의 드문 일이었으니, 매우 어려운 발걸음이었다.

처음 만났을 때 운만을 떼어놓고 다음 두 번째 만나러 갈 때였다. 석남사 불사에 대한 이야기를 하려고 가던 길에 인홍 스님에게 전광석화처럼 스쳐지나간 것이 있었다. 조계종단의 역경사업에 대한 일이었다.

스님은 이후락씨를 만난 자리에서 석남사의 불사이야기를 비치지 않았다. 온 대중이 나와서 일을 하고, 노임을 제때에 주지 못해 소임자가 자리를 비켜야 하는 경우도 있었으나 결코 석남사 불사에 대한 도움을 요청하지 않았다.

"지금 경전을 번역하는 일을 종단에서 추진하고 있는데 경제 사정이 어렵다고 합니다. 부처님 말씀을 일반인에게 베풀어주어야 불교가 발전하고 나아가 국민들이 정신적으로 성장하는 데 도움이 되지 않겠습니까? 그 일을 도와주셨으면 좋겠군요."

1962년에 대한불교조계종이 비구와 대처승과의 분규를 끝내고 통합종단으로 출범하면서 포교, 도제양성과 함께 역경을 종단 3대 사업으로 설정할 만큼 역경사업이 중요한 위치를 차지하고 있었다. 부처님의 말씀이 들어있는 《대장경》이, 한문이라는 언어의 벽에 가로막혀 부처님 말씀이 제대로 전해지지 않고 있던 상황에서 《대장경》을 한글로 번역할 필요는 무엇보다 긴급했고, 이것이 해인사에 한문으로 보존되어 있는 《팔만대장경》 전부를 번역, 발행할 목적으로 1964년 3월 동국역경원이 발족해 있을 때였다.

운허(耘虛) 스님이 초대 역경원장을 맡아 한국불교의 중흥이 한글대장경 편찬에 있다고 확신하고 《한글대장경》 발간의 대장정을 시작했으나 종단 내에서 사업을 하기에는 경제적으로 무리가 따르는 사업이어서 진전을 보지 못하고 있었다.

우리의 민족문화에 지대한 공적을 끼친 불교를 연구하는 데 기초가 되는 '역경(譯經)'은 《대장경》을 현대인에게 맞게 우리말로 번역하는 것과, 더 나아가서 우리 민족이 지닌 우리말 경전으로서 대중들에게 쉽게 다가갈 수 있도록 《대장경》을 거듭나게 하는 일이었으나, 비용 문제에 부딪쳐 진전을 보지 못하고 있는 것을 안타깝게 여기고 있던 인홍 스님이었다. 마침 조계종 종회의원일 때였고, 역경원장인 운허 스님으로부터 역경 비용에 대한 어려움을 직접 듣고 있던 때이기도 했다.

석남사 불사를 도울 생각이었던 이후락씨는 뜻밖에 종단의 불사를 부탁하는 통이 큰스님에게 내심 감동하고 있었다.

"석남사 불사 일로 오신 것으로 알고 있는데 뜻밖이시군요.

저는 스님을 도와드리고 싶습니다."

스님은 이후락씨의 뜻을 정중히 사양하면서 다시 한 번 간곡하게 부탁했다.

"도량 불사는 저희들 힘으로 하는 게 아니라 부처님께서 하시는 겁니다. 불사로 인해 어렵기는 하지만 부처님 제자인 우리가 마땅히 할 일이기에 걱정하지 않으셔도 됩니다. 저희는 도와주시지 않아도 잘 살 수 있습니다. 더 큰 데 관심을 가져주시면 고맙겠습니다."

인홍 스님은 이후락씨를 만나고 돌아와 곧 운허 스님에게 그를 소개시켰다. 이후 이후락씨는 역경사업을 범국가적 사업으로 추진하도록 제안하면서 역경사업의 목적과 타당성, 문화적 가치를 자세히 적어서 대통령에게 제출하도록 조언해주었다.

역경원에서는 《한글대장경》 번역 출판 사업의 목적과 계획서를 세밀히 작성해서 대통령에게 제출했고, 뒤이어 문교부로부터 구체적인 사업계획서를 제출해달라는 통고를 받게 되었다.

그 후 문교부에서 역경사업에 국고를 지원하는 법안이 국회를 통과했고 역경사업이 순조롭게 진행되기 시작했다. 《팔만대장경》을 번역 출판하는 역경사업이 민족적 문화 사업으로 확정되기에 이른 것이다.

1966년 2월《한글대장경》간행에 국고보조금을 받아 매년 8책씩 간행하기로 하고 그해 80권《화엄경》상권이 역경원 이름으로 간행되었다.

그 후 역경원은 34년 동안 역경을 계속하면서 2000년 9월에 드디어《한글대장경》전318권을 완간시켰다.

오늘날《한글대장경》간행의 기반이 된 역경사업에 사심을 떠난 인홍 스님의 공심이 크게 일조를 했다는 것에 이의를 달 사람은 없다.

1964년과 1966년 두 차례에 걸쳐 사찰 수호와 재건 및 도제 양성에 대한 표창장을 인홍 스님에게 수여했던 당시 조계종 종정 효봉 스님은 이러한 스님을 두고 '참으로 출격장부다.' 라고 했다고 한다.

"퇴락한 석남사에 오셔서 절을 다 중창하고 수십 명이 넘는 많은 후학들을 분명하게 가르쳤던 분이다. 비구들도 그렇게 많은 대중을 통솔하고 살기가 어려운데, 그걸 다 해내셨으니 비구·비구니를 막론하고 한 시대를 잘 이끈 걸출한 분이었다.

출가했다고 하여 가족을 등한히 하지 않고 한의사 등 속가의 동생들에게 생각을 반듯하게 지니도록 가르쳤고 어려울 때에 일어설 수 있도록 일러주는 방법이 참 분명했다. 동생들이 스님을 따르는 것도 절집에서 제자들이 따르는 것과 같았다.

스님은 또 공사(公私)가 분명한 분이었다. 조계종 3대 사업의 하나인 역경사업을 앞장서 도왔던 일이 그 대표적인 예다. 선지식들의 가르침을 분명하게 실천하셨고 자신의 위치를 가장 분명하게 지켰으며 일상생활이 가장 잘 다듬어진 수행자였다."

송광사 방장 보성 스님의 증언이다.

"한 사람의 삶과 행적이 '나'라는 개인에 국한되어 있지 않고 모두를 생각하는 삶이었다면 그것은 깨달은 자의 삶이다. 흔히 자신이 머무는 절에 돌 하나라도 바로 놓고 편리한 시설 하나라도 더 하고 싶은 것이 인지상정인데, 자신의 절 불사가 벌어져 어려운 지경에서 그것을 《대장경》 국역사업으로 돌린다는 것은 말로만 되는 것이 아니다. 대의와 공심이 앞섰던 분이다."

공심으로 깨어 있던 스승의 삶을 본받아 기리고 있는 후학 가운데의 한 사람인 도혜 스님(봉녕사 강사, 석남사 전 주지)의 말이다.

인홍 스님은 여석회(餘石會)라는 모임의 회원이기도 했다.

구산·영암·자운·석암·탄허·석주·월하·벽안·운허·대휘·서옹 스님 등 당대의 선승들이 모여 한국불교의 어두운 곳을 지키는 등대지기가 될 것을 다짐하고 만든 모임으로 수행과 계율 지키기를 엄격히 했던 모임이었다.

여석회는 말 그대로 '남은 돌 모둠회'라 하여 스스로 주인공이 되기보다는 수좌의 입장에서 자기 수행에 전념하면서 도반들을 돕고 미혹에 휩싸인 대중들을 불법의 세계로 이끌며 포교에도 적극적인 입장을 보여 온 스님들의 모임이었다.

비구들이 다수 모인 모임에 인홍 스님을 비롯한 수옥 스님 등 몇 사람만이 비구니였다고 하는데, 인홍 스님의 교유의 폭을 엿볼 수 있는 일례라고 할 수 있다.

1964년 6월, 논산 관촉사에서 여석회 회원 스님들과 함께했다. 여석회는 당대 선승들이 모여 만든 모임으로 수행과 계율 지키기를 엄격히 했다. 앞줄 왼쪽 두 번째부터 지월·영암·운허·서옹·인홍 스님, 뒷줄 두 번째부터 법일·성우 스님의 모습이 보인다.

가지산을 지키다

한 번은 허가 없이 벌목을 했다고 하여 서울 검사실로 불려
갔다. 고압적인 태도의 검사 앞에서 인홍 스님은 분명하게 일
갈했다.

"다 죽어가는 나무를 베었을 뿐이다. 썩어 없어지는 것을
베어서 재목이라도 쓰는 게 좋은가, 아니면 허가를 내주지 않
았다고 해서 썩어 없어지도록 내버려두는 게 좋은가, 당신네
들이 한번 판단해보시오. 누가 자연을 아끼고 문화재를 보호
하겠습니까? 산에 사는 우리들이요? 산 밖에 살고 있는 당신
네들이요?"

조금도 굽힘없이 당당하게 소신을 피력하던 스님은 검사가
뭐라고 할 사이도 없이 오히려 그를 꾸짖었다.

"문화재는 절에 사는 스님네들 것이고 국가의 것이다. 당연
히 우리가 보호해야 하지 않겠는가. 이렇게 불러올리지 않아
도 우리가 더 잘 알아서 한다."

곧 벌목 허가를 받아내었음은 물론이었다. 옳다고 생각하는
것은 멈칫대는 바가 없었다. 누구 앞에서도 당당하게 소신을
굽히지 않았다. 이러한 당당함과 깊은 신심, 대의를 위한 분명
한 성격은 울산에서 밀양으로 통하는 찻길이 석남사 법당 뒤

로 나게 되었을 때도 여지없이 발휘되었다. 대중회의를 해서 온 대중이 가사 장삼을 입고 철야 정진해가면서 결정된 사항을 철회하고 절 앞으로 길을 내게 했던 것이다.

도청에서 석남사 계곡인 옥류동 위에 광산을 만들려고 계획했던 일을 철회시키고, 석남사 안의 유일한 암자인 동인암을 그곳의 원주가 임의대로 태고종에 등록한 것을 다시 찾는 일에도 스님의 지도력은 충분히 발휘되었다.

오늘날, 석남사가 환경을 파괴하지 않고 수행도량으로 면목을 갖추어 종립 선원으로 자리매김하기까지는 인홍 스님의 이러한 지도력과 신심에 바탕을 둔 것이었다.

1970년대 피폐해진 전국사찰 문화재보수에 대한 염려를 하고 겨울에 동파되지 않고 수명이 오래 갈 수 있는 기와를 만들어내야 한다는 생각으로 기술은 있으나 재원이 없어 일어서지 못하는 기와전문가 최상문씨를 키워 성공하게 한 것을 보아도 인홍 스님의 안목과 마음의 폭이 얼마나 깊고 넓었는지 짐작할 수 있게 한다.

석남사 문화재보수에 동참했던 중요무형문화재 불화장(佛畵匠)인 석정(石鼎) 스님의 증언이다.

“석남사 후불탱화 보수공사를 할 때였다. 탱화를 떼어 내리다가 위 부분이 조금 찢어져서 떨어지게 되었다. 인홍 스님이 와서 보시다가 잘 못 되면 어떻게 하느냐면서 땅이 꺼지도록 걱정을 하셨다. 석남사의 개금불사와 주련조각 등에 참여했는데 그때마다 정성을 다해 불사에 임하셨다. 석남사를 기점으로 해서 다른 사찰들도 탱화불사를 많이 했으니, 모든 면에서 항상 앞서 간 분이었다.

스님을 어머니처럼 존경했던 인연 때문이었는지 돌아가신 뒤 비문을 쓰게 되었다. 그간 스님께 들었던 수행하신 이야기며 살아오신 이야기를 바탕으로 미화시키지 않고 핍진하게 비문을 썼다. 생각이 정해지면 누가 뭐래도 신념으로 밀고 나갔으며 연세가 들어서도 공부하려고 무진 애를 쓰셨던 분이다.”

석남사 수행가풍

성철 스님의 감사주력과 화합수행

"무릇 수행자들이 같이 모이는 자리에서는 법에 대하여 논의하거나 아니면 침묵을 지키는 것이 좋다."

인홍 스님은 석남사 대중에게 부처님의 이 말씀을 그대로 가르쳤다. 석남사는 그러므로 처음 간 사람들에겐 오해를 불러일으킬 만큼 말이 없는 곳이었다. 그들은 모두 화두에 몰입해 있었고, 자신들이 하는 일에만 몰두할 뿐이었다.

석남사는 수행과 일이 수레의 두 바퀴처럼 운용되었다. 석남사에 들어온 지 3년 후, 본격적인 수행도량으로 일신하게 되었을 때, 성철 스님이 석남사 대중을 위한 글을 써주면서 이렇게 경책했다.

實相은 無垢하야 常淸淨하니
貴賤老幼를 事如佛호대
極罪惡人을 極尊敬하고
深怨害者를 深愛護로다
毁辱은 眞法門이요 侵害는 大佛事니
默默 常歡喜하야 一切를 深感謝로다

실상은 더러움이 없어 항상 청정하니
귀하거나 천하거나 늙었거나 젊었거나
어린아이이거나 모두 부처님같이 섬기라.
아주 나쁜 사람을 지극히 존경하고
심하게 해를 끼친 원수를 깊이 사랑하고 보호하라.
나를 헐뜯고 욕되게 하는 것이 참 법문이요
침해는 큰 불사이니
말없이 항상 기쁜 마음으로 일체를 깊이 감사하라!

많은 대중을 이끄는 데엔 화합이 가장 큰 덕목이 됨을 전한 성철 스님의 불이법문(不二法門)이었다. 인홍 스님은 '대중이 화합하여 잘 살라.'는 가르침을 대중을 이끌고 살면서 항시 기억하고 실천했다.

인홍 스님 또한 수시로 대중에게 간곡하게 이르곤 했다.

"묵묵히 항상 기쁜 마음으로 일체를 감사하라. 누가 한 대 때려도 '감사합니다.' 하라. 그렇게 자꾸 감사하게 되면 진짜 감사하게 된다. '좋다, 나쁘다.'를 분별하다 보면 화합과는 거리가 멀어지는 것, 누가 헐뜯어도 일체를, 모든 일어나는 상황, 실상이고 가상이고 간에 감사하고 또 감사해라. 그런 생활이 참다운 수행의 밑거름이 될 것이다."

삶을 오직 감사할 뿐이니, 이는 곧 자신의 삶을 수희찬탄하는 일이었다. 감사와 수희찬탄은 인간으로서의 존엄을 높이고 수행자로서의 자긍심을 실현시키는 일이었다. 인홍 스님은 대중이 모이는 선방 벽 한가운데에 '모든 일에 감사하고 화합하라.'는 이 가르침을 걸어놓았다. 하루 동안 대중생활 속에서 일어나는 모든 일들을 감사하고 자기 마음을 다스리게 한 것이다.

성철 스님은 또 하심의 덕목을 이렇게 일렀다.

"도가 높을수록 마음은 더욱 낮추어야 하니,
모든 사람들을 부처님과 같이 존경하며
원수를 부모와 같이 섬긴다.
어린이나 걸인이나 어떠한 악인이라도
차별하지 말고 극히 존경한다.
낮은 자리에 앉고 서며 끝에서 수행하여
남보다 앞서지 않는다.
음식을 먹을 때나 물건을 나눌 때
좋은 것은 남에게 미루고 나쁜 것만 가진다.
언제든지 고되고 천한 일은 자기가 한다."

인홍 스님은 대중들에게 '하심하는 사람에게는 온갖 복이
저절로 찾아드는 법이다.'라고 가르치면서 석남사를 이끌어
갔다.
인홍 스님은 성철 스님의 석남사 대중에 대한 관심과 경책
에 대해 '큰스님은 어떤 상황에서도 적절하게 가르침을 내렸
다. 아무리 철조망을 쳐놓고 찾아간 우리를 막으셨어도 스님

해인사 성철 스님 사리탑. 성철 스님은 인홍 스님에게 많은 대중을 이끄는 데 화합이 가장
큰 덕목이 됨을 전했고, 인홍 스님은 평생 이 가르침을 실천했다. 사진 김민숙

의 뜻이 전달되었다. 나는 오로지 큰스님 법에 의지하고 지도 아래 비구니 위상을 세워보겠다는 원력으로 석남사를 세웠다.' 라고 회고하곤 했다.

인홍 스님은 성실하지 못하거나 게으름을 피우는 대중은 추호도 용납하지 않았다.

생사는 들숨날숨에 있는 것, 헛되이 시간을 낭비하는 것은 결코 방관하지 않았다. 일년 365일 하루도 빠짐없이 발소리도 내지 않고 강선당(講禪堂)을 방문해서 졸거나 기대어 앉아있는 학인을 보면 불호령을 내렸다. 인홍 스님의 눈은 매시간 석남사 대중들의 언행에 머물러 있었다. 때로는 차갑게 경책했고 때로는 따뜻함으로 받아주었다.

새벽 세시 예불을 시작으로 밤에 별을 보고 들어오는 대중 생활이었으나 한 시도 방심할 수 없는 생활이었다. 젊은 학인들의 주머니에는 그날 강사에게서 배워 익혀야 할 내용들이 항상 들어 있었다. 채공간에서도, 지붕 위에서도, 나무하면서도 쉬지 않고 그걸 외워야했다. 공부하는 데 있어서 시간과 장소란 그렇게 중요하지 않음을 증명이라도 하듯 온 대중은 일사불란하게 움직였다.

석남사는 이미 모든 면에서 여법하게 잘 정돈된 도량으로 변모해 있었다. '예불, 의식, 불사, 기도, 후원에서 음식을 만드는 모습조차 어른에게 잘 배운 모습이었다.' 고 석남사를 다녀온 사람들은 기억한다. 어른 밑에서 세세하게 지도받고 여법하게 잘 정진하는 석남사는 어느덧 다른 사찰에서 '석남사에는 어른 스님들이 많으니까 거기 가서 한 철을 나면 어른 스님들이 잘 다듬어준다.' 라고 추천하는 도량이 되었다.

108배와 〈능엄주〉 독송

석남사는 성철 스님의 가르침을 그대로 실현한 도량이었다. 새벽예불마다 〈능엄주〉 독송과 108대참회, 매달 보름과 그믐마다 행해지는 포살, 법공양, 전경, 정초기도, 아비라기도, 3천 배 백일기도 등 모두 성철 스님의 가르침을 지침으로 했다. 특히 보름마다 시행되는 포살은 전국 사찰에서 유일하게 해제 때도 빠짐없이 낭송했다.

학인들에겐 영가(永嘉) 대사의 〈증도가(證道歌)〉와 승찬(僧璨) 대사의 〈신심명 (信心銘)〉을 독송하게 했다. 행자가 삭발을 할 때, 불명을 받을 때와 계를 받을 때, 화두를 받을 때는 반드시 전날 저녁 밤을 새워서 3천 배를 하는 것을 규칙으로 삼았

다. 새벽이나 밤에는 대웅전 문을 잠그지 않을 정도로 부처님
께 참회와 발원의 기도를 그치지 않았고, 매일 600배 혹은 1천
배를 어김없이 행했다.

화두를 받을 사람은 3천 배 기도를 기본으로 했고 3천 배 백
일기도 〈능엄주〉 독송, 아비라기도 등을 하면서 밤낮 없이 법
당을 비우지 않았다.

인홍 스님은 거듭 일렀다.

"부처님께서는 왕궁을 버리고 도를 닦으러 오신 분이다. 우
리는 그 부처님의 제자, 참선해서 부처되려고 온 사람들이다.
사람 몸 받기 어렵고 더욱이 불법 만나기 어려운 것, 열심히
정진해야 한다."

황제의 자리조차 떨치고 걸었던 수행자의 길 아니던가. 학
인 입선시간에 순치 황제의 〈출가시〉를 읽게 하여 수행자의
위상과 책임이 어떠해야 함을 일렀다. 《초발심자경문(初發心
自警文)》엔 《팔만대장경》에 들어있는 요긴한 말씀이 다 들어
있다는 것을 강조해서 행자들에게 《초발심자경문》을 철저히
공부하도록 했고, '삼일수심(三日修心)은 천재보(千載寶)요 백

년탐물(百年貪物)은 일조진(一朝塵)이라, 즉 삼 일 마음 닦는 것은 천년의 보배요, 백 년 물질을 탐하는 것은 하루아침의 티끌이라.'는 말을 자주 해서 마음 닦는 일이 얼마나 값진 일인가를 가르쳤다.

"중이 공부 못하면 소가 되어 빚을 갚아야 한다.
우리가 때마다 먹는 밥 한 발우가 신도의 피 한 발우다."

당시 석남사에서 살았던 대중들이 귀에 못이 박히도록 들은 말이었다.

"성철 큰스님께서는 오십대 중반, 해인사 방장으로 오시면서 옛 총림에서 하던 법도를 그대로 실현하려고 하셨다. 젊은 시절부터 청담·향곡·자운 스님 등과 함께 '한국불교가 이렇게 가야한다.'라고 많은 시간을 고민했던 부분이다. 기도법으로 〈능엄주〉를 송하고 108대참회, 보름마다의 포살, 보살계 등을 확립시키려고 했으나 모두 이루시지는 못했다.
그런데 인홍 노스님이 큰스님께서 총림의 일과로 하여 실현하고 싶어 했던 것을 고스란히 받아서 석남사에서 실행하셨다. 큰스님에 대한 절대적인 믿음이 아니면 불가능한 일이다.
'대중들을 교화하고 신심 있게 키워야 한다.'는 것을 확실히
믿고 이해하셨던 분이다.

　　결국 큰스님이 실행하고 싶어 했던 총림의 큰 틀은 해인사
에서보다는 석남사의 인홍 스님을 통해서 이뤄졌다고 본다.
큰스님의 뜻을 대중생활에서 오롯이 실현해 보인 주역이 인홍
스님이었고, 스님의 그러한 노력이 아니었다면 오늘날의 석남
사가 존재했겠는가 생각해본다."

　　성철 스님을 이십여 년 동안 곁에서 시봉했던 해인사 백련
암 원택(圓澤) 스님의 말이다.

5장

회
향
의 길
로

석남사 3년 결사

누워 편안할 때 지옥고 받는 중생을 생각하라

한평생 인홍 스님이 추구했던 것은 청빈한 수행이었다. 대중들이 머물러 수행하기 위한 공간을 마련하기 위한 불사로 눈코 뜰 새 없었어도 자신은 물론 대중 모두 결코 수행을 게을리 하지 않았다.

비바람 새는 법당과 대중이 앉아 참선할 수 있는 선방이 어느 정도 마무리되자 곧 선원을 열어 대중과 함께 정진한 지 10여 년이 흘렀을 때, 해인사 백련암의 성철 스님은 해제 법문을 듣기 위해 자신을 찾아온 인홍 스님을 비롯한 석남사 대중들에게 '석남사도 웬만큼 정리되었으니 3년 결사를 한 번 해보라.'고 권했다.

日間浩浩得作主 고하
夢中那~恒如一 도야하
正睡着時便演然 없
塵劫生死若爲奈何오

하루 중 아무리 바쁠 때라도 화두가 끊어지질 않고
꿈속에 밝고 밝아 항상 한결같아도
잠이 깊이 들었을 때 문득 화두가 막연하면
다겁으로 내려오는 생사고를 어떻게 하리요.

성철스님의 친필로 석남사 결사대중을 위해 써주었던 글이다. 결사대중은 선방에 이 글을 걸어놓고 공부를 점검했다.

"자신이 공부해야지 무슨 법문을 듣는다고 하는가. 우리나라는 3년 결사를 시작해서 끝마친 사람이 없다. 기도한다고 생각하면서 해라. 하루 대참회 3백 배를 하고 시간을 옳게 지키라."

1965년, 성철 스님이 김천 김용사에서 《육조단경》, 《금강경》, 〈중도가〉 및 중도이론을 대중들에게 최초로 설법하고, 1967년 해인사로 와서 해인총림의 초대방장으로 취임, 동안거 기간 중에 그 유명한 백일법문을 하고 난 다음해인 1968년이었다.

김용사에서 성철 스님이 최초로 대중에게 사자후를 토했을 때 인홍 스님은 석남사의 모든 일을 접어두고 대중을 인솔해서 법회에 참석했다. 20여 일간 김용사 양진암과 대성암에 머물면서 비구, 비구니 등 1백여 명의 대중들과 함께 선(禪)과 교(敎)를 꿰뚫어 중도사상에 입각한 성철 스님의 우뢰와 같은 법문을 들었던 순간을, 훗날 스님은 '얼마나 환희심이 나고 신심이 났는지 모른다.'라고 회고했다.

1967년 해인사에서의 성철 스님의 백일법문에도 스님은 홍제암에 머물면서 2백 여 명의 대중과 함께 1백 일이라는 긴 시간 동안 폭포처럼 힘차게 쏟아지는 무량설법을 들었다. 인홍 스님은 '그 당시의 마음을 누가 알겠느냐?'라고 술회하면서 백일법문의 무게와 가치를 후학들에게 전했다고 한다.

무량광명으로 느껴졌던 두 차례의 설법을 듣고 난 후였기 때문에 성철 스님의 3년 결사 제의는 인홍 스님에게 큰 무게와 힘으로 다가왔다.

1957년에 석남사로 들어와 곧 선원을 개설하여 정진을 해왔으나 3년 결사의 시도는 처음이었다.

1968년 시월 보름 동안거에 맞추어 결사가 시작되었다. 3년 동안 일체 산문 밖을 나가지 않고 선방에서 수행만 하는 나날이 시작된 것이다.

동참한 대중은 인홍 스님을 비롯해서 도반인 장일·성우·혜관·혜춘 스님과 상좌들로는 법희·법용·혜주·백졸·불필 스님 등 열세 명이었다.

3년 동안 결사 대중을 빈틈없이 외호해줄 대중으로는 총무 현각, 재무 영우, 교무 도문, 원주 도연 스님이 선출되었다.

1963년에 새로 단장한 심검당(尋劍堂)은 선방으로선 최적의 환경을 갖춘 곳이었다. 물소리 바람소리조차 숨을 죽이는 곳으로 마음의 검을 찾기에 조금도 손색이 없는 선방이었다.

성철 스님이 수좌들에게 설했다.

"네 시간 이상 자지 않는다.

벙어리 같이 지내며 잡담하지 않는다.

문맹같이 일체 문자를 보지 않는다.

포식·간식하지 않는다.

적당한 노동을 한다."

성철 스님이 수좌들에게 가르친 이 규칙을 지키며, 하루 대참회 삼백 배와 〈능엄주〉 한 편, 그리고는 끝없는 참선 정진의 시간만이 존재할 뿐이었다.

그들 모두는 벙어리였고 바른 깨달음에 이르기 위한 세상의 일대 낙오자였다. 그들에게 있는 것은 간단없는 화두 하나뿐, 마음에서 눈에서 모든 것이 사라졌다. 아무 것도 보이지 않았고 보려하지도 않았다. 그들에게 새소리 바람소리 물소리조차도 경책의 죽비소리였다.

성철 스님은 설했다.

"최잔고목(摧殘枯木)! 부러지고 이지러진 마른 막대기를 말함이다. 이렇게 쓸 데 없는 나무 막대기는 나무꾼도 돌보지 않는다. 땔나무도 되지 않기 때문이다. 불 땔 물건도 못 되는 나무막대기는 천지간에 어디 한 곳 쓸 곳이 없는, 아주 못 쓰는 물건이니, 이러한 물건이 되지 않으면 공부인이 되지 못한다.

결국은 제 잘난 싸움마당에서 춤추는 미친 사람이 되고 말아서 공부 길은 영영 멀어지고 마는 것이다. 그러므로 공부인은 세상에서 아무 쓸 곳이 없는 대낙오자가 되지 않으면 안 된다. 오직 영원을 위하여 모든 것을 다 희생시켜버리고 세상을 아주 등진 사람이 되어야 한다. 누구에게나 버림받는 사람, 어느 곳에서나 멸시당하는 사람, 살아가는 길이란 공부 길밖에 없는 사람이 되어야 한다.”

인홍 스님은 조실방인 자신의 방 머리맡에 다음과 같은 글귀를 붙여 놓고 수시로 바라보았다.

“누워 편안할 때 지옥고(地獄苦)를 받는 중생을 생각하라.”

이순(耳順)의 나이를 넘기고 있었다. 이제 더 이상 멈칫거릴 시간도, 여유도 없는 세월에 와 있는 것이었다.

저, 묘관음사에서 법의 스승에게 일상·몽중·숙면 일여의 삼단법문을 듣고 대발심했던 순간을 하루도 잊지 않은 세월이었다.

'나는 마음에 망상과 잡념이 없기를 십 년 계속된다.'라고 옛 선사는 말했다. 그 말을 접하는 순간 얼마나 등골이 서늘했던가. '망상과 잡념이 없이 십 년이 계속되어야 무너지지 않는 자리에 있다.'는 그 말은 부러움을 넘어서 두려운 경지였다.

움직이거나 멈춰 있거나 꿈을 꾸거나 잠을 자거나 화두가 일여가 된다는 것 아닌가. 참으로 모골이 송연하도록 무서운 자리, 천지가 없어져도 무너지거나 없어지지 않는 자리, 수천 겁이 지나도 그 자리 아닌가. 위법망구(爲法忘軀), 법을 위해 목숨을 바치겠다는 시퍼런 칼날을 가슴에 품고 있지 않으면 갈 수 없는 자리였다.

인홍 스님은 하루 네 시간의 잠도 편히 잘 수가 없었다. 방선 후 잠자리에 들어와서도 좌복 위에 오래 앉아 있는 날이 많았다.

인홍 스님의 석남사 회상 중 가장 황금기에 해당한다고 회자되는 석남사 3년 결사에 든 것은 심검당의 열세 명 대중뿐만이 아니었다. 석남사 대중 모두가 결사에 든 심정으로 일을 하

고 정진을 했다. 불사의 소임을 맡은 사람은 불사에 최선을 다
했고 공양간의 소임을 맡은 사람은 정성을 다해 공양을 지어
냈다.

온 도량의 분위기가 칼날처럼 살아 있어 태만하면 스스로
살이 베일 것 같은 긴장감이 돌았다. 마치 석남사 전체가 선정
에라도 든 듯 조용하고 청정하고 적요로웠다.

촌음을 아껴 묵언 정진하는 결사 대중의 모습은 석남사 행
자들과 학인들에게도 깊은 환희심과 감동을 불러일으켰다. 화
두 하나에 몰입해 있는 수행자들의 모습은 언제 누가 보아도
장엄했다.

무심을 일러 도라고 하지 마라.
무심도 오히려 한 겹이 막혔거늘.

莫爲無心云是道
無心猶隔一重關

그들의 모습은 '무심을 덮고 있는 그 한 겹마저 걷어낼 공
부의 끝은 어디일까.'를 온몸으로 보여주고 있었다.

석남사 최초 3년 결사 중인 1969년, 대웅전 앞에서 결사대중과 함께했다. 앞줄 중앙이 인홍 스님, 왼쪽이 장일 스님이다. 인홍 스님의 회상 중 가장 황금기에 해당되는 첫 3년 결사엔 열세 명의 대중들이 참여해서 마음을 밝혔다.

"스님은 당시 주지 소임을 보고 있으면서 결사에 들어가셨기 때문에 절에 일이 있으면 내려 가셨다가 아무리 늦은 시간이라도 다시 올라와 선방에 앉으셨다. 주지 소임을 살면서 결사에 들기가 어려운 일이었으나 당시는 절 살림이 단조로워 밖에서 해결해야 할 일은 아랫사람을 시켰기에 가능했고, 또 스님의 결사에 대한 의지가 분명하셨으므로 가능한 일이었다.

때로는 하루 종일 관청과의 일로 또는 손님을 만나는 일로 분주히 보내신 스님에게 상좌들이 '오늘은 좀 일찍 쉬십시오.' 하고 권했다. 그러나 스님은 잠깐 방으로 들어가셨다가 다시 나와 선방에 앉으셨다. 3년을 한결같이 그렇게 보내신 분이다. 3년 결사 동안 스님께서 멀리 출타하셨던 일은 단 한 번, 청담 스님께서 열반에 드셨던 때로 기억된다. 그러한 노장님을 보면서 우리가 어찌 공부하지 않을 수 있었겠는가.

선방에 앉으니 천하의 복을 다 누리고 앉은 듯 했다. 얼마나 하고 싶은 공부였던지 죽을힘을 다해 공부해야겠구나 하는 마음으로 결사에 임했다. 인간이 할 수 있는 최대의 힘을 발휘하는 결사였으니 몸은 고되었으나 마음은 말할 수 없이 한가롭고 고요하고 행복하기만 했다.

'내가 전생에 무슨 복이 많아 여기에 앉아 있는가.' 하는 생각이 수시로 떠오르곤 하면서 해마치고 싶은 생각이 간절했던 그 시절이 그립다."

당시 삼십대 중반으로 3년 결사에 참여했던 인홍 스님의 상좌 법용(전 석남사 주지) 스님의 회고다.

옥류동 가는 길

3년을 예정한 결사는 여법하게 한 치 빈틈없이 진행되고 있었다. 그러나 보이지 않는 작은 갈등도 있었으니, 어느 날 후학들의 반란이 일어났던 것이다.

인홍 스님을 비롯해서 법랍이 많은 대중은 선방의 윗자리에 앉았고 법희 스님 등을 비롯한 상좌들은 아랫자리에 앉아 정진했다. 하루는 아랫자리에 앉아 정진하던 후학들이 건의를 했다.

"어른 스님들의 절이 너무 빠릅니다."

새벽에 대참회 3백 배를 하는데 어른 스님들의 절이 빠르니 좀 천천히 했으면 한다는 청을 넣었다. 그런데, 다음날도 또 그 다음날도 절의 속도는 늦춰지지 않았다. 이레쯤 지났을 무렵, 아래 자리에 있던 인홍 스님의 상좌 혜주 스님이 아래쪽으로 자리를 옮겼다. 이제 더 이상 빠른 속도로 절을 못하겠다는 일종의 시위였던 것이다.

"신호다!"

아랫자리 대중들은 일제히 그것을 '더 이상 어른 스님들의 속도에 따르지 말자.'는 암시라고 생각하고 속도를 늦춰 절을 하기 시작했다. 그렇게 해서 5분이 늦어졌고 어른들은 후학들의 절이 끝날 때까지 기다렸다. 어른들의 안색이 좋지 않았음은 물론이다.

물론 인홍 스님은 상좌들의 반란을 묵과하지 않았다. 정진이 끝나자 상좌들에게 일렀다.

"옥류동으로 가자."

옥처럼 맑은 물이 흐르고 있다 하여 이름 지어진 석남사 계곡, 옥류동(玉流洞). 옥류동으로 오르는 그 길에서 얼마나 많은 경책을 당했으며 또 죽비로 어깨며 등판을 맞았던가. 법용·혜주 스님과 불필 스님은 등을 곧게 편 채 큰 걸음으로 앞서 걷고 있는 은사의 뒤를 따르며 생각했다.

"오늘은 크게 야단을 맞겠구나."

아니나 다를까, 앞서 걷던 인홍 스님이 평평한 풀밭 앞에서 걸음을 멈추었다. 가을이면 코스모스가 한들거리는 풀밭이었다.

"앉아라."

그 소리가 끝나는가 싶더니 대나무 지팡이가 혜주 스님의 어깨 위로, 등판으로 무수히 날아왔다.

"탁탁…"

콩 튀기는 소리가 났다. 어깨 위로 내려 떨어지는 대지팡이 소리가 메아리치듯 울려 퍼졌고, 대나무 지팡이는 다시 법용 스님의 등으로 옮겨갔다. 출가해서 지금까지 스승의 곁을 떠나지 않은 채 그림자처럼 머물며 정진하고 있던 조용한 성품의 상좌였다. 스승은 아무 말도 하지 않았다.

"타타닥…"

옆을 지나던 새들이 놀라 비켜갈 즈음, 불필 스님이 그 자리에서 가만히 돌아서서 재빨리 달아났다. 그 때뿐, 시간이 지나면 저 노기가 가라앉는다는 것을 누구보다 잘 알기 때문이었다. 선객의 특징 아닌가. 성철 스님이 그랬고 은사 스님도 그랬다.

그렇게 3년 결사 중 있었던 자그마한 반란은 끝났다.

사관(死關), 1백 일의 용맹정진

한 물건이 있으니 천지가 생기기 이전에도 항상 있었고, 천지가 다 없어진 후에도 항상 있다. 천지가 천 번 생기고 만 번 부서져도 이 물건은 털끝만치도 변동 없이 항상 있다. 크기로 말하면 가없는 허공의 몇 억만 배가 되어 헤아릴 수 없이 크다. 그래서 이 물건의 크기를 큰 바다에 비유하면, 시방의 넓고 넓은 허공은 바다 가운데 있는 조그마한 물거품과 같다. 또 일월보다 몇 억만 배나 더 밝은 광명으로써 항상 시방세계를 비추고 있다. 밝음과 어둠을 벗어난 이 절대적인 광명은 항상 우주 만물을 비추고 있는 것이다.

— 성철 선사(性徹禪師, 1912~1993) —

삼년 결사 회향 백 일을 남기고 결사 대중들은 용맹정진을 감행했다. 인홍 스님을 비롯한 대중들은 오로지 그 한 물건, 화두 하나에 몰입하고 있었으니 가지산이 삼매에 든 듯 긴장감이 돌았다.

"1백 일 동안 눕지 않고 기대지도 않으며 잠시라도 화두에

간단(間斷)이 있어서는 아니 된다. 노력하고 또 노력하라. 노력 없는 성공이란 있을 수 없다.”

성철 스님의 가르침을 잊지 않은 대중들의 한 순간도 잠을 자지 않는 피를 말리는 가행정진이요 용맹정진이었다. 대중 모두에게는 내일이 없는 듯 했다. 그 날이 마지막이라는 생각으로 온몸을 화두 하나에 던졌다.

이불은 물론 잠깐이라도 앉을 수 있는 의자마저도 다락으로 올렸다. 그들에게 등을 댄다는 것은 곧 잠을 자는 것을 의미하는 것이었다. 등을 기대었다 하면 한 시간 이상 삼들 수 있는 것을 경험한 대중들에겐 의자란 불필요한 물건이요 용납할 수 없는 물건이었다.

대중 모두는 하루 3백 배 하는 절조차 생략하였고 좌선 시간 외에는 서서 살다시피 했다. 졸음을 쫓기 위해서였다.

공양시간과 양치질을 하는 시간 말고는 오로지 정진이었다. 1백 일 동안 단 한순간도 눕지 않는다는 것은 필사의 노력이 아니면 불가능한 일이었다. 인홍 스님은 앞장서서 좌복을 떠나지 않는 것으로 대중을 격려했고, 대중들 또한 마지막 혼신의 힘을 기울이고 있었다. 묵언 속의 그들 눈은 푸른 광채로

빛났고 얼굴은 달빛처럼 고요했다.

3년 결사 회향을 앞두고 정진한 1백 일간의 용맹정진은 인간이 기울일 수 있는 최선의 노력이었다. 그들은 묵언 속에 그 최선의 노력을 1백 일 동안 한 치 흐트러짐 없이 완결했다. 인간이 행할 수 있는 가장 빛나는 노력이었다.

결사를 권했던 성철 스님은 3년 결사를 끝내고 회향법문을 들으러 간 대중들에게 '그대들이 무슨 공부를 했겠는가?'라고 차갑게 한 마디 던지고는 이렇게 덧붙였다고 한다.

"그래도 3년 결사를 끝까지 해낸 대중은 드물다."

1968년에서 1971년에 걸쳐 시행했던 3년 결사(1기)는 10여 년 후 1982년에 다시 시작되어 1985년에 회향했다(2기). 계속해서 3기(1986~1989), 4기(1990~1993), 5기(1994~1997)까지 이어졌고, 1999년 6기부터는 매해 1년 결사로 하면서 2007년 현재에 이르고 있다.

가지산, 다시 삼매에 들다

1971년 여름, 3년 결사를 원만히 회향하고 인홍 스님은 곧 도반 성우 스님와 함께 쌍계사 칠불암으로 떠났다. 칠불암은 비구들을 위한 참선도량이었으므로 비구니가 비구들과 함께 한 방에서 정진하는 것은 불가능한 일이었다.

그러나 인홍 스님의 정진에 이의를 제기할 사람은 아무도 없었다. 칠불암에서 정진하던 혜암 스님(전 조계종 종정) 등 여러 대중들은 흔쾌하게 인홍 스님의 방부를 받아들였다. 신심과 정진의 결과였다.

인홍 스님이 잠시 쉴 틈도 없이 칠불암으로 떠나자, 심검당에서는 젊은 수좌들이 다시 장좌불와 용맹정진을 시작했다. 1971년 하안거에 든 것이다. 정진 대중은 불필 스님과 청조 스님 등 일곱 사람이었다.

"칠십에 가까운 노수행자들께서 저렇게 정진하러 떠나셨는데 우리들이 어떻게 누워 잘 수 있는가."

그들은 1백 일 동안 공양시간과 화장실에 가는 시간 말고는 가사 장삼을 벗지 않았다. 한겨울의 소나무처럼 눈부신 푸르름으로 정진했던 젊은 수좌들의 수행은 수천 년 동안 불교를 세상에 생생하게 살아있게 한 힘이었다.

석남사 심검당 내부. 1968년 3년 결사 이후 지금까지 수좌들의 가행정진이 끊이지 않는 곳
이다. 물소리 바람소리조차 숨을 죽이는 곳으로 마음의 검을 찾기에 조금도 손색이 없는
선방이다. 사진 김민숙

당시 입승 소임을 보았고, 지금도 안거 때마다 심검당에서 정진하고 있는 불필 스님은 당시를 이렇게 회고했다.

"전등도 없던 시절, 한밤에 졸음이 오면 호롱불을 들고 하염없이 산길을 걸었다. 그러면 바로 옆에 큰 짐승이 지나가기도 했다. '내가 너를 해치지 않았으면 네가 나를 해칠 까닭이 뭐가 있고, 또 무엇이 무서울 것인가.' 하고 잠시 눈을 감으면 짐승이 먼저 놀라서 피해가곤 했다. 그렇게 행선(行禪)을 하다 보면 눈에서 졸음이 오는 것이 아니고 다리가 졸리는 느낌이었다.

서서 살다시피 했던 그 시간들을 보내고 나니 나중엔 큰방 좌복 위에 앉자 누운 것처럼 편안했다. 1백 일을 대중과 함께 후회 없는 정진을 했다."

공양주의 1백만 배 기도

3년 결사가 시작되기 직전, 석남사 도량엔 《육조단경》을 외우는 소리가 끊이질 않았다. 대중들의 공양을 책임지는 공양주 영운(靈雲) 스님의 소리였다.

행자시절을 마치고 다른 도반들은 공부를 한다고 강원으로 떠났으나 강원 대신 석남사에 남아 참선 공부를 택한 공양주는 해인사 백련암 성철 스님에게 화두를 받으러 갔다가 《육조단경》을 앞뒤로 막힘없이 외우고 오라는 명을 받았던 것이다.

인홍 스님은 가마솥 아궁이 앞에서 불을 때면서도, 쇠죽을 끓인 더운 방에 앉아서도 경전을 외우는 공양주에게 가끔 들러 격려했다.

《육조단경》을 다 외우고 나서 공양주는 백련암에 가서 성철 스님에게 1백만 배 기도의 과제를 받아가지고 왔다. 곧 3년 결사와 함께 석남사 공양주의 1백만 배 기도가 시작되었다.

공양주는 선방에서 대중과 함께 참선하고 하루에 1,080배씩 절을 했다. 아침마다 시간을 맞추어 흰죽을 쑤어 대중에게 공양하고 일꾼들에게 밥을 해주는 공양주 소임을 철저히 했다.

밤 열 시에 방선(放禪)을 하고 온 대중이 잠자리에 들면 부엌으로 나와 뜨끈뜨끈한 부뚜막을 좌복으로 삼아 12시까지 두 시간씩 참선을 하곤 했다.

하루는 인홍 스님이 공양주를 불러서 격려했다.

"여법하게 정진해서 잘 회향해야 한다. 복을 짓는 데 공양주의 공덕보다 더 큰 것은 없다. 언젠가 내가 선방에서 공부를 하고 있을 때였다. 선방에 어떤 젊은 비구 한 분이 결제를 하러 왔는데 얼굴이 꼭 노루의 모습이었다. 얼굴뿐만 아니라 손발이 노루처럼 붙어 있었다.

그 젊은 수행자는 결제 대중으로 있으면서 공양주를 자원했다. 그런데 어쩌나 신심 깊게 정진을 잘 하고 공양주를 잘 사는지 모든 대중들의 칭송이 자자했다. 군불을 때서 대중들 모두 씻도록 해주고, 노스님들이 씻을 때는 목욕탕까지 물을 떠다 드리면서 열심히 소임을 살았다. 그리곤 한 달쯤 지났는데 얼굴에서 노루의 모습이 거짓말처럼 사라졌다. 손발이 붙은 것은 어쩔 수 없었으나 얼굴에선 노루의 모습이 완전히 사라졌더구나. 공양주를 하면서 복을 짓는 공덕이 그만큼 큰 것이다.

'복혜쌍수(福慧雙修)'라고 했다. '복만 닦고 지혜를 닦지 않으면 깨달음이 없고 지혜만 닦고 복을 닦지 않으면 덕이 없다.'고 했다. 복도 지으면서 지혜를 닦아나가야 하는 것이다. 한쪽으로 치우치면 공부에 성취를 이룰 수 없다. 옛 스님들도 공부에 진전이 없으면 복을 짓는다고 공양주를 자청하곤 했단다."

그리고 경책을 내렸다.

"너는 화두를 들고 참선하는 수행자이지만 석남사 대중들의 공양을 책임지는 공양주이기도 하다. 소임을 철저히 하지 않으면 안 된다. 그런데 요즘, 왜 그렇게 보리쌀을 적게 넣고 밥을 짓느냐?"

평소, 보리쌀을 더 넣으라는 인홍 스님의 성화에 공양주는 '노스님께서 보리밥을 좋아하시는가 보다.' 하고 스님의 밥그릇에 항상 보리쌀을 많이 넣어서 펐다. 그런데도 적게 넣었다고 하니, 공양주는 다음날부터 인홍 스님의 밥그릇에 보리쌀을 더 듬뿍 넣었다.

석남사의 공양주살이는 동안거 용맹정진 기간이면 빛을 발했다. 정진하던 대중들이 졸음은 쏟아지고 춥고 배고픈 겨울 새벽녘, 공양주는 잠시 쉬는 시간에 찜통에 숯불을 피워 묽게 끓인 누룽지를 내왔다. 외풍이 센 선방에서 뜨끈뜨끈한 누룽지 국물을 먹고 나면 어느덧 졸음도 달아나고 몸이 따끈해지는 것이었다.

여름엔 도량 한 구석에 있는 복숭아를 따다가 얇게 저며서 설탕에 재어 차가운 물에 띄웠다가 어른들에게 올리곤 했다.

인례(引禮)를 볼 때면 졸음에 겨운 어른들에게 다가가서 죽비를 옆에 놓고 어깨를 주무르는 것으로 대신했다. 어른들을 죽비로 경책할 수 없기 때문이었다.

선방에서의 화두참선 정진, 공양주 소임, 납월 팔일에 열리는 용맹정진 등, 그 모두에 소홀함 없이 최선을 다했던 석남사 공양주의 1백만 배 기도는 3년 결사가 끝나면서 함께 회향되었다. 가사 하나가 다 해어져서 떨어지고 난 뒤였다.

인홍 스님은 선물로 만년필을 준비하고 상장을 만들어서 공양주에게 주면서 일렀다.

"너는 앞으로 상좌를 두게 되면 다른 것 다 보여주지 않아도 된다. 이 상장만 보여줘라."

3년 결사 중의 석남사 도량은 모든 대중들의 정진으로 푸른 강물처럼 도도히 흐르고 있었고 그 중심에 인홍 스님이 서 있었다.

전생에 약속된 인연들

불사와 수행

1971년 3년 결사가 끝난 해부터 2~3년 동안 30여 명의 행자들이 계를 받을 만큼 많은 초심자들이 모여들기 시작했다. 전생부터 인홍 스님의 회상에서 만나기로 약속된 인연인 것처럼 그렇게 운집했다. 석남사 도량이 날로 활기를 띄던 시절이었다.

인홍 스님은, 나름대로 대학에서 물리학·영문학·공학·교육학 등 전공을 마치고 진리를 위해 신명을 바치겠다는 결심을 하고 혈연 등 모든 인연을 뒤로 하고 떠나온 그들을 수행자로 잘 키우고 싶었다.

석남사 회상을 연 이후 처음으로 외부에서 강사를 초청해왔다. 경책과 경상도 준비해주고 학인일지를 쓸 수 있도록 부산에 가서 일지를 인쇄해 왔다. 모든 학인들은 《초발심자경문》부터 《화엄경》까지를 목표로 열심히 경을 배워서 익히게 했다.

그들은 매일같이 새벽 3시 예불을 하고 아침 6시 공양이 끝나면 저녁까지 운력을 했고 그 사이를 틈타서 강사 스님에게 경을 배웠다. 공부할 시간은 따로 없었다. 그들은 선배들이 그랬던 것처럼 지붕 위에서, 밭에서, 설거지를 하면서, 불을 때며 경문을 베껴 주머니에 넣어두었던 것을 꺼내어 암송해서 강사 스님 앞에서 외웠다.

그들은 호미로 채마밭을 맸고 겨울이면 스무 개가 넘는 아궁이에 불을 넣기 위해 매일 나무를 한 짐씩 해 날랐다.

석남사 탑 불사, 대웅전 불사, 청화당 불사 등 많은 불사가 1971년 이후에 이루어졌으니, 학인들의 공부는 불사 현장에서 더 많이 이루어질 수밖에 없었다.

불사를 하기 위한 산판을 시작했다. 학인들이 일꾼과 함께 벌목할 것을 페인트칠해 놓으면 목수가 베고, 베어놓은 나무를 학인들이 굴려서 석남사 삼형제 바위 밑에 재어놓고 껍질을 벗겼다. 목수들에 의해 대패질이 된 나무는 학인들이 앞뒤에 두 사람씩 네 사람이 서서 밧줄에 걸어 어깨에 메고 합창을 했다.

"영치기 영차, 영치기 영차!"

"석남사의 역군이다."

대웅전 지붕까지 수백 개의 서까래가 올라가는 것을 보면서 인홍 스님은 20여 년 전, 처음 석남사에 와서 상좌들과 함께 일할 때를 떠올렸다. 진리에 대한 믿음과 후학들을 잘 키워내기 위한 염원이 있었기에 힘든 줄 몰랐던 시절이었다.

진리를 위해 일체를 희생하리라 맹세한 저들도 그리리라. 인홍 스님은 항시 밖에 나와 그들을 격려했고, 후학들은 인홍 스님의 그러한 격려에 최선의 노력으로 답했다. 힘든 불사의 연속에도 스님과 후학들의 얼굴은 모두 밝았다.

"바다는 시체를 두지 않고 파도를 쳐서 내치듯이 불법 대해는 신심이 없는 사람은 살아남지 못한다."

인홍 스님이 항시 후학들을 격려하며 했던 가르침이었다.

학인들이 들어 올려야 할 기와도 수만 장이나 되었다. 토기와보다 무거운 청기와 운력을 할 때는 대중이 2백여 미터 가량 늘어서서 릴레이식으로 옮겼다.

기와를 이어도 와공기술자 한 사람이면 되었다. 기와 밑에 들어갈 흙은 일꾼들이 이개여 놓으면 학인들이 조금씩 대야에 담아 가파른 대나무 사다리를 타고 앉아 차례로 받아서 올렸다. 옹기기와여서 바닥이 미끄러웠으나 대웅전 지붕 위에서 침착하게 움직였다. 아래에서 올려다보면 아슬아슬함을 느끼게 하는 풍경이었다.

불사는 쉼 없이 이어졌다. 단청을 할 때는 화공이 6, 70명씩 상주했으므로 때마다 백 명이 넘는 공양을 준비해야 했다. 공양주가 한 끼에 두 솥씩 밥을 하기도 했다. 한 동안 식량이 모자라서 본사인 통도사에서 빌려오기도 할 만큼 대식구의 밥을 준비했던 것이다.

일이라곤 모르고 출가한 학인들은 인홍 스님의 가람 수호에 대한 원력 아래 최선을 다해 한 사람도 다침이 없이 불사가 끝난 것을 보면 인홍 스님의 복력과 덕화를 짐작할 수 있다.

하루 스물 네 시간 잠기지 않았던 법당

그렇듯 일이 많았으나 석남사 학인 대중들의 정진은 어느 곳보다 빼어났다.

그들 모두는 다짐했다.

'남보다 먼저 잠자리에 눕지 않고, 남보다 먼저 좌복에서 일어나지 않으며 낮에 눕지 않으리라.'

공부하고 일하면서도 새벽과 저녁에는 모두 일과로 절을 했다. 밤 열시에 방선하고 기도하는 대중, 새벽 한 시, 두 시에 들어가는 대중 때문에 하루 24시간 법당 문을 잠글 겨를이 없었다. 채공과 공양주는 새벽 1시에 일어나 1천 배를 하고 새벽 3시 예불을 마치고 소임에 임하기도 했다.

자신의 힘에 따라 6백 배, 1천 배를 했는데, 그 가운데 5, 6명의 대중은 30여 년이 지난 지금까지도 매일 1천 배를 계속하고 있다. 수십 년 동안 끊임없는 참회와 발원 그리고 정진의 연속인 것이다.

개인적으로 인홍 스님에게 허락을 받아 매일 3천 배씩을 백일씩, 혹은 49일, 21일씩 하기도 했다. 어떤 학인들은 낮에는 운력에 모두 참석하고 새벽과 밤에 각각 1천 5백 배씩 하루 3천 배를 채워 49일 동안 기도하는 저력을 보여주기도 했다.

겨울에는 조금 한가한 틈을 타서 학인들이 단체로 일주일간

아비라기도를 했다. 기도 끝에는 반드시 예불대참회의 서문을 함께 낭송했다.

"자기는 아주 잊어버리고 오직 일체중생을 위해서만 산다.

영원에서 영원이 다하도록, 법성(法性)이 무진(無盡)하므로 법계(法界)가 무한하며 법계가 무한하므로 시분(時分)이 무량하다. 시분이 무량하므로 중생이 무변하며 중생이 무변하므로 자비(慈悲)가 무궁하다.

이렇듯, 중중무진(重重無盡)한 법계연기(法界緣起)의 대원리는 화엄정경(華嚴正經)에 원만구족하였으니, 이는 우주의 근본법칙이며 불타의 구경교칙(究竟教勅)이다.

따라서 심현(深玄) 오묘한 이 진리를 요약한 보현보살의 행원품은 불교의 골수요, 대도(大道)의 표준이다.

광대무변한 법성의 지혜와 자비로써 무진법계의 무량중생을 위하여 무한시겁(無限時劫)이 다하도록 무애자재한 대활동을 하되 추호의 피로도 염의(厭意)도 찾아 볼 수 없는 거룩한 성행(聖行), 이것이 보현보살의 서원이며 미진제불(微塵諸佛)의 본회(本懷)이다.

..."

참으로 치열한 시간들을 그들은 진리를 위해 보내고 있었다.

새벽 3시 예불시간.

자타일시성불도(自他一時成佛道)
국계안녕병혁소(國界安寧兵革銷)
풍조우순민안락(風調雨順民安樂)

나와 남이 함께 성불함을 염원했고, 나라가 편안하여 싸움이 없고, 바람이 고루하고 비가 순조로워 백성이 안락하기를 발원했다.

젊은 수도자들은 인홍 스님의 경책 아래 끊임없이 세계와 국가와 국민의 안녕을 기원하면서 위법망구의 정신으로 소리 없이 신명을 바치는 수행을 하고 있었다.

그들 모두는 '죽을 때 도를 깨치지 못했다 하더라도 결코 편안하고 쉽게 살지 않았다고 말할 수 있다.'라고 하기도 했다.

인홍 스님은 이때도 새벽예불 끝에 하루도 빠짐없이 학인들이 공부하는 강선당을 방문해서 졸거나 자리를 비우면 불호령을 내렸다.

"참선하지 않는 사람은 수도자가 아니다."

스님은 대중 모두에게 이 말을 귀에 못이 박히도록 했다.

저녁 10시 방선 이후 행자가 참선을 하겠다고 마루에 앉아 있으면 정진에 방해되지 않게 발걸음을 낮추어 지나가곤 했다. 비록 계를 받지 않은 행자 신분이지만 참선 수행을 하는 사람에겐 배려를 했던 것이다.

섣달 그믐날, 윷놀이라도 하려고 하면 '하루 잠시 마음을 흩트린 허물이 3천 년을 간다.'고 호령했다. 수도자라는 본디 자세에서 매순간 한 치의 이탈도 그냥 보아 넘기지 않았다.

또한, 수십 년 동안 원주·별좌·도감·원두 등 어렵고 힘든 소임을 맡아서 논농사와 밭농사를 짓고 된장을 담고 대중 찬거리를 거두면서 대중과 도량을 보살피던 대중들의 정진은 석남사의 든든한 버팀목이었다.

일흔둘, 지리산 상무주암으로 떠나다

두타행을 그대처럼 하는 사문이 있다면

걸식으로만 음식을 얻어먹을 것.

남이 버린 베 조각,

즉 분소의(糞掃衣)로 옷을 만들어 입을 것.

나무 아래서만 공부를 하며,

지붕이 있는 곳에선 잠을 자지 말 것.

소의 똥오줌으로 만든 약, 즉 부란약(腐爛藥)만 사용할 것.

이 네 가지 의식주에 관한 내용은 부처님 당시 수행자가 지켜야 할 생활양식이었다. 이를 승가에서는 두타행(頭陀行) 혹은 고행이라 일렀고 청빈한 수행이라 불렀다.

　부처님 당시 청빈한 수행, 즉 두타행을 가장 잘 지킨 제자는 마하가섭이었다. 그는 출가 수행자로서의 반듯한 생활방식을 조금도 벗어나지 않았다.

　언제나 밥을 얻어먹는 걸식을 행했고, 버려진 베 조각으로 옷을 만들어 입었으며, 나무 아래서 공부할 뿐 지붕이 있는 곳에선 잠을 자지 않았다. 그리고 아무리 몸이 불편해도 몸을 보호하는 최소한의 약 부란약만 사용할 뿐이었다.

　부처님은 나이 들도록 쉬지 않고 조금도 흐트러짐 없이 청빈한 수행을 해나가는 그를 보며 이렇게 일렀다.

　"가섭은 늙도록 쉬지 않고 정진하는구나. 그대는 오랫동안 각고의 수행을 해왔으니 좀 편히 지내도록 하라."

　마하가섭은 나이 들어 자꾸 몸이 약해져 갔으나 한결같은 청빈한 수행을 해나갔다. 그런 그를 보고 부처님께서 이렇게 칭찬했다.

　"그대가 일체중생에게 의지처가 되어 줄 수 있다면, 나 여래가 이 세상에 있는 것과 다름이 없으리라. 두타행을 그대처럼 하는 사문이 있다면 나의 법이 머물 것이고 그렇지 않다면 없어질 것이니라. 그대는 진실로 대법(大法)을 걸머질 만하구나."

노수행자의 두타행

인홍 스님은 서른네 살에 출가해서 적멸에 들 때까지 부처님의 상수(上首) 제자 마하가섭처럼 두타행으로 일관했다. 법의 존망(存亡)은 청빈한 수행에 있을 것이었다. 부처님의 법이 청빈한 수행으로 일관했던 마하가섭에게 전해지지 않았는가.

출가 수행자에게 있어 수행, 그것은 생명이었다. 신명(身命)을 바친 정진만이 시공을 초월, 중생들에게 참 지혜를 전할 수 있을 뿐이었다.

인홍 스님은 어느덧 고희(古稀)의 칠십을 넘기고 있었다. 생사가 둘이 아니라고 하나, 이제 허리를 곧게 펴고 앉아 수행할 날도 그리 많지 않으리라, 그런 생각이 들자 스님은 이십여 년의 석남사 생활을 뒤로 하고 도반 성우 스님과 시자 한 사람을 데리고 지리산 상무주암으로 떠났다.

"이제 내가 하고 싶은 공부하련다. 정말 공부다운 공부를 한 번 해봐야겠다."

상좌들에게 그렇게 선언하곤 지리산 상무주암으로 떠나온 것이다. 주지 소임에서 풀려난 지 3년 후인 1979년 여름, 일흔 두 살일 때였다.

상무주암은 고려 말 보조 국사가 깨달음을 얻은 곳으로 많은 수행자들의 발걸음이 떨어지지 않은 곳이다. 스님이 꼭 한 번 수행을 해보리라 마음속에 생각해오고 있던 곳이었다.

어쩌면 혼신을 다해 정진할 수 있는 마지막 기회일지도 몰랐다. 인홍 스님의 감회는 깊었다. 기라성 같은 수행자들이 거쳐 간 수행도량에 비구니인 자신이 정진할 수 있게 된 것에 감사해했다. 수좌로서 살아온 지난날에 감사했고, 자리를 비켜 준 전임 스님에게도 감사했다.

바로 전에 머물렀던 혜암 스님(전 조계종 10대 종정)은 성철 스님의 부름을 받고 떠났다고 하나, 스님이 이곳에 올 수 있을까 타진했을 때, 기꺼이 도량을 내어주었던 것이다.

인홍 스님이 가기 전 1978년, 오십대 중반의 혜암 스님이 상좌 두 사람을 데리고 삼동(三冬) 결제에 들어 삼칠일(21일) 동안 단식 용맹정진을 했던 것은 유명한 일이다.

혜암 스님은 '삶에서 밥 먹는 일과 잠자는 일을 극복하면 그것이 본분사의 반은 해결된다.'라고 하면서 상좌들을 데리고 초인적인 수행정진을 했다. 그때 함께 정진한 상좌 한 사람은 '잠도 자지 않고 음식도 먹지 않는 그 긴 죽음의 터널을 지날 때 정말 그때는 은사 스님이 원망스럽기까지 했다.'고 고백했을 만큼 혜암 스님이 고된 정진을 했던 곳이다.

상무주암이 생긴 이래 비구니가 수행한 것은 인홍 스님이 처음이자 마지막이었을 것이다. 상무주암에 올라간 첫날, 지리산이 병풍처럼 둘러싸인 암자 앞마당에 서서 스님은 탄식하듯 시자에게 말했다.

"도각아! 네가 얼마나 복이 많으면 이 상무주암에 와서 정진을 하겠느냐."

그것은 자신에게 한 소리였다. 얼마나 복이 많으면 수행자가 되어 이곳에 올 수 있단 말인가. 이 넉넉하고 맑으며 기품 있는 도량에 와 있는 것 자체만으로 얼마나 감사한가. 수행자가 되지 않았으면 이 청복을 누릴 수 있었겠는가.

상무주암에 올라간 첫날부터 스님은 잠자리에 들지 못했다. 이 좋은 도량에 와서 잠을 잘 수 없다고 생각했던 것이다. 선방의 좌복 위에서 일어날 줄 몰랐다.

저녁 11시에 잠자리에 들었다가 새벽 세 시면 도량석을 돌

1978년, 설악산 봉정암에 오르면서의 인홍 스님 모습이다. 상무주암으로 떠나기 직전인
일흔한 살 때의 모습으로 제자 원광 · 불필 · 현묵 스님과 함께했다.

왔던 시자는 상무주암에 머물렀던 한 해 가량 한 번도 자신의 노스님이 잠자리에 들었던 모습을 보지 못했다.

시자가 새벽예불 도량석을 돌리고 나와 보면 노스님은 언제나 좌복 위에 앉아 있었고, 저녁에 일과를 마치고 잠자리에 들어갈 때도 정진 중이었다.

시자에겐 그 모습이 마치 푸른 소나무 한 그루처럼 느껴졌다. 겨울에도 독야청청 푸르른 나무, 비바람이 몰아쳐도 무심히 언제나 그곳에 서 있는 묵묵한 고목 한 그루와 같은 모습이었다.

세 사람은 아침 6시면 발우를 펴고 공양을 했다. 공양 후 잠깐 포행을 돌고 나면 참선 정진을 하는 나날이었다. 정진 시간 이외엔 텃밭에 채소를 심어 가꾸었고, 하루에 한 차례 나무를 한 짐씩 해서 져 날랐다.

인홍 스님은 도반 성우 스님, 그리고 시자와 함께 나무를 해 나르는 일을 하루도 거르지 않았다. 일흔이 넘은 노인이었으나 세 사람 가운데 항상 나뭇짐이 제일 많았다. 하루는 스님이 젊은 손상좌의 허술한 나뭇짐을 보고 웃으면서 말했다.

"우리 가운데 가장 젊은 네 나뭇짐이 왜 그렇게 제일 적으냐? 이제 나뭇짐이 커질 때도 되지 않았느냐?"

그 말끝에 시자는 평소에 하고 싶었던 이야기를 했다.

"노스님, 광마다 재어있는 게 나무인데 그것 좀 빼서 쓰면 안 됩니까? 언제까지 이렇게 나무를 하실 거예요?"

바로 전에 머물렀던 혜암 스님이 상무주암을 내려가면서 광이며 처마 밑에 땔나무를 차곡차곡 빼곡히 쌓아놓았던 것이다. 젊은 시자의 눈엔, '그 많은 나무를 좀 빼어서 쓰면 좋을 텐데, 손수 노스님이 나무를 해서 져 나르실까.' 하는 생각이 든 것이다. 수행만 하기에도 힘든 연로한 몸을 이끌고 하루 한 짐씩 나무를 하는 노스님이 손상좌는 안타까웠던 것이다.

"부처님의 상수 제자이신 가섭존자께서는 그토록 수행을 열심히 하면서도 일을 멈추지 않으셨다. 노인의 몸으로 손수 진흙을 반죽해서 무너진 담벼락을 바르셨다. 수행자는 죽을 때까지 일을 해야 한다. 또, 우리가 이곳을 떠나면 누군가 다시 와서 살 텐데, 앞서 살던 스님이 재어놓은 것을 빼어내어서 쓰면 되겠느냐?"

시자는 이 말을 들으면서 어른의 의미에 대해서 생각해보았다. 어른은 뒤에 오는 사람을 위해서 곧게 걸어야 하며 멀리 보고 배려해야 하는 사람이라는 것을 느꼈던 것이다.

하루는 혜암 스님의 사제되는 스님이 상무주암에 올라왔다.

가끔, 산등성이를 두서너 개 넘어 와서 '노스님께서 불편한
것은 없는지, 냉기가 많은 깊은 산중에 건강은 어떠한지.'를
묻곤 하던 스님이었다. 산중에서 간장도 없이 소금만 가지고
생활할 만큼 조촐한 살림에 정진만 지독히 하던 그 스님이 인
홍 스님에게 이런 말을 했다.

"제가 영양실조로 귀가 절벽이 되었습니다. 하루는 하도 기
운이 없어 기도를 시작했습니다. '산삼이라도 한 뿌리 얻어먹
어야지, 이래가지고는 더 이상 공부를 못하겠다.' 싶어 이레를
작정하고 기도에 들어갔는데, 사흘째 되는 날이었습니다. 비
몽사몽간에 산삼이 손에 닿을 듯 말 듯 하다가 꿈을 깼어요.
그러고 나서 생각하니, 내가 그래도 공부하는 수좌인데 산신
에게 기도하면서 산삼을 얻어먹을 수 있나.' 하는 생각이 퍼뜩
들었죠. 그래서 기도를 그만두었습니다."

그 말을 가만히 듣고 있던 스님이 고개를 끄덕였다.

"스님, 잘하셨습니다. 이 산중에 들어앉아서 영양실조에 걸
려 귀가 절벽일 정도로 공부하셨는데, 산삼을 얻어먹겠다고
기도를 하시면 수좌의 법도나 부처님 법에 맞지 않는 거지요.
잘하셨습니다."

인홍 스님은 언제나 여법(如法)함을 강조했던 수행자였다.

그러나 그 날처럼 그렇게 누군가와 이야기를 하는 일은 특별한 예에 속하는 일이었다. 상무주암은 참선 수좌들에겐 유명한 도량이어서 종종 스님들이 올라오곤 했다.

특히 해제 철이면 올라와서 참배를 하고 내려가곤 했다. 스님은 방선 시간에 뜰을 거닐다가 혹, 저 멀리서 누군가 올라오는 것을 보면 선방으로 들어가 조용히 앉곤 했다.

"내가 이곳에 있다는 것을 말하지 마라. 그냥 수좌 한 사람이 정진한다고 하면 그뿐 아니냐."

그 어느 누가 와도 스님을 만날 수가 없었다. 그만큼 조용히 정진에만 몰두했던 것이다. 어느 날 하루는 그 지방의 기관장 한 사람이 스님을 만나러 왔다. '공부 잘하는 스님 한 분이 와 계시다.'는 소문을 듣고 인사차 올라온 것이다. 시자가 이 일을 전하자 스님이 말했다.

"공부하겠다고 사람을 다 비끼고 이 산중에 와 있는데, 그 사람이라고 만날 수야 있겠느냐? 그분에게는 미안한 일이지만 만날 수가 없다. 네가 잘 대접해서 보내드려라."

시자가 스님의 말을 가감 없이 전하자 그가 말했다고 한다.

"과연 큰 어른이시군요."

세 사람이 정진만 하던 조용한 상무주암의 문이 사월초파일이 되자 활짝 열렸다.

인홍 스님은 시자에게 음식을 잘 장만해서 신도들을 대접하라고 일렀다. 손수 부엌에 나와 일일이 지시를 하면서 일렀던 것이다. 아랫마을 노인들이 몇 시간을 걸어 암자에 올라왔다. 그들에 대한 스님의 대접은 극진한 것이었다. 인과법문까지 자상하게 들려주었던 스님에게 시자가 물었다.

"지난번에 기관장이 왔을 때는 안 만나시더니, 이번엔 어쩐 일이세요?"

"그 기관장은 이 지역을 대표하는 사람이니까 좋은 법문을 여러 곳에서 듣고 하지만, 시골 노인들이야 절에 와 법문들을 기회가 얼마나 있겠느냐. 직접 농사지은 쌀을 머리에 이고 몇 시간을 걸어서 정성을 다해 부처님께 올린다고 왔는데, 내가 부처님 법문을 해주지 않아서야 되겠느냐?"

사월초파일이었던 그 날은 인홍 스님이 한 해 정도 머물렀던 시간들 중 유일하게 이야기를 많이 한 날이었다고 시자는 기억한다.

"노스님은 수행정진으로 빈틈없이 하루하루를 보내셨다. 나무도 꼭 하루 한 번씩 해서 져 나르셨고 김치 담는 것에 서

투른 시자에게 자상하게 김치 담는 법을 가르쳐주셨다. '수행자의 방은 공기가 선득해야 정신 차려서 공부한다.'라고 하시면서 장작을 아끼고 검소한 생활을 하라고 하셨다.

그리고 당신이 할 수 있는 일은 가급적 손수 하시면서 시자에게도 공부할 수 있도록 최대한 배려해주셨다. 모시고 있는 동안 한 번도 노스님의 흐트러진 모습은 보지 못했으니, 수행자는 끝내 어떤 사람이어야 하는가를 깨우치게 하셨다."

상무주암에서 인홍 스님을 시봉했던 도각(道覺) 스님(현 석남사 주지)의 회고다.

인욕과 동체대비

지리산의 사계는 절경이었다. 묵묵히 성주괴공하는 지리산의 봄과 여름과 가을, 그리고 겨울은 불성 그대로의 현현(顯顯)이었다. 행선하면서 바라보는 흐르는 물처럼 유연한 능선 또한 무위(無爲) 그대로의 모습이었다. 선악과 시비, 장단(長短)과 곡직(曲直)이 사라진 무분별의 모습이었다.

산책하면서 마주치는 이름 모를 들꽃에서 인홍 스님은 무심

삼매의 힘을 느끼곤 했다. '한 송이 꽃의 피어남도, 삼매에 들어 피지 않음이 없노라.' 했던가. 저 무심히 꽃을 피우는 힘이 무심 삼매 아니었던가. 선하고 악하고, 옳고 그르고, 잘나고 못나고, 길고 짧으며, 곧고 굽어졌다는 분별없는 무심이 지리산의 사계를 장엄하지 않겠는가. 우주를 장엄하고 있는 것 아니겠는가.

들꽃을 바라보며 스님은 수행자가 정진해서 얻어야 할 것이 '무심'임을 새삼 깨우치곤 했다. 성불의 꽃을 피우는 것은 저 무심 삼매이리니, 일상에서도 꿈에서도 잠을 자면서도 화두 하나만 있어야 하지 않겠는가.

인홍 스님은 혼신을 다해 화두와 마주했다. 스님의 정진은 깊어만 갔다. 좌복 위에 있는 시간이 점점 많아졌고 많은 시간 침묵했다.

그러던 어느 날, 스님이 시자를 불렀다.

"오늘은 산책을 좀 하자."

시자는 자신의 노스님이 항상 신는 낡은 털신을 가지런히 섬돌에 놓아두고 밖에서 기다렸다. 인홍 스님은 시자를 데리고 상무주암 뒤쪽으로 포행을 했다. 가끔 올라가 보는 곳이었다. 처음 와서 그곳 골짜기를 내려다보고는 부처님께서 고행

하셨던 설산의 모습을 연상했던 곳이다. 스님은 깊고 깊은 골짜기를 내려다보며 한없이 서 있었다.

'유정 · 무정의 세상 모든 존재에 얼마나 동체대비(同體大悲)했던 삶이었던가. 나는 어떤 수행자로 살아왔던가.'

스님은 그런 생각을 하며 시자를 돌아보았다. 그리고 얘기했다.

"부처님께서 깨달음을 이루셨던 인도 북부 보드가야에서 70여 킬로미터 떨어진 곳에 계족산이라고 하는 곳이 있단다. 계족산은 가섭존자가 부처님의 바리때와 가사를 지니고 미륵부처님이 오시면 전하려고 계신 곳이라고 한다."

스님은 이제 막 강원을 졸업한 시자에게 동체대비의 뜻을 전하고 싶었다.

"인도의 무착 스님이 미륵부처님을 친견할 것을 원을 세우고 그 산에 들어갔다고 한다. 미륵부처님을 친견하려고 원을 세우셨으니 얼마나 열심히 기도를 했겠느냐. 그런데 아무리 기도를 해도 미륵부처님이 안 나타나시는 거야.

무착 스님은 너무 마음이 서글퍼서 산에서 내려오려고 나오는데, 바위덩어리 위에서 물이 한 방울씩 한 방울씩 떨어져 바위에 구멍이 뚫린 것을 보신 거야. 그때 무착 스님은 깨달았다. '그렇지! 물방울 하나가 바위를 뚫는데 나도 한 발자국씩 열심히 기도하다보면 미륵부처님을 만나겠지.', 하고는 마음을 바꾸었다고 한다."

아직도 갈 길이 먼 어린 수행자에게 '수행이란 수없이 많은 시간을 정진하면서 인고하는 일'이라는 것을 가르치고 싶었던 것일까, 묵언을 깨고 스님은 오랜만에 긴 이야기를 하고 있었다. 시자는 조용히 듣고 있었다.

"다시 그렇게 발심하고 들어가 아무리 열심히 기도를 해도 미륵부처님을 친견하지 못했다. 그래서 다시 포기하고 나오는데, 이번엔 새의 날개 짓에 반질반질 닳아 있는 바위를 보았단다. 무착 스님은 바위를 보자 '저러한 인고의 세월이 필요하겠구나.' 하고는 다시 발심하고 기도하기를 또 몇 년, 그러나 역시 미륵부처님은 나타나시지 않았다.
그래서 다시 산에서 나오는데, 이번엔 어떤 이가 돌을 갈고 앉아 있더란다. 송곳을 만들기 위해 돌을 갈고 있다는 것을 알고는 다시, 마음을 다잡고 산으로 들어왔단다. 다시 미륵부처님을 친견하리라는 원력을 잃지 않고 기도 수행하기를 12년, 그래도 미륵부처님이 나타나시지 않자 이번엔 '정말 마지막이다. 다시는 돌아가지 않으리라.' 하고 나왔더란다."

가을이었다. 붉게 단풍으로 물든 나무들이 가을 햇살에 아름답게 빛나던 날, 일흔두 살의 노수행자는 이십대의 젊은 시자에게 인욕과 동체대비의 깊은 의미를 들려주고 있었다.

"그런데 이번엔 나오면서 병든 개가 누워있는 것을 보았다. 병든 개 한 마리가 끙끙 앓으면서 드러누워 있는데 상처 밑에 구더기가 우글우글 했더란다. 그 모습을 보면서 무착 스님은 생각했지. '내가 저 개를 도와주어야겠구나. 구더기가 살을 파먹으니 얼마나 더 아플까. 손으로 빼주면 살점이 떨어져 나오겠으니 혀로 핥아주어야겠구나.' 하고 말이다. 그리고는 혀를 상처에 대고 구더기를 덜어내었더란다. 그러니 얼마나 그 마음이 간절했겠느냐? 상처가 낫기 바라는 간절한 마음으로 구더기를 핥고 나서 눈을 떴더니 개가 부처님으로 화현해 있더란다."

　오랜 시간, 인고의 세월을 지나오며 깨달음을 구했던 노수행자의 깊은 법문은 청량한 가을바람이 되어 시자의 가슴으로 스며들었다.

　"무착 스님이 비로소 미륵부처님을 뵙고는 펑펑 울면서 그랬더란다. '12년 동안 그렇게 기도하면서 기다렸는데 어째서 나타나시지 않았습니까?'라고 말이지. 그러자 미륵부처님께서 이렇게 대답하셨더란다.
　'나는 네 곁을 떠난 적이 없다. 자 보아라. 내 옷에 코와 침들이 말라붙어 있지 않느냐? 네가 기도하면서 뱉은 것들이 내 옷에 붙은 것이니라. 나는 언제나 너와 함께 있었다.'라고 말이다.
　자신이 돌이나 하수구에 뱉었던 코와 가래침들이 미륵보살 옷에 붙은 것을 보면서 무착 스님은 '어느 장소, 어느 때, 부처님이 계시지 않은 적이 없었구나.' 하고 깨닫는 순간 확철대오 하셨더란다."

겹겹이 싸인 지리산 능선처럼 인홍 스님의 법문은 이어졌다.

"출가의 길이란 말이다. 오직 인욕의 길이란다. 성불할 때까지 인욕하면서 정진하고 또 정진하고, 나한테는 이롭지 않은 상대방의 행위에 대해서도 인욕하는 길이다. 세상사 모든 것이 나와 무관하지 않음을 알고 어떤 경우에도 참고 기다리면서 가는 길이다. 그게 부처님이 말씀하신 둘이 아닌 불이(不二)의 삶이며 지혜로운 길이다.

우리 출가 수행자는 저 무착 스님의 인욕과 동체대비의 의미를 거울삼아야 한다. 나는 오랜 세월이 지나서야 진정한 성불은 동체대비에 있음을 알았다. 수행자란 저 무착 스님이 대비의 마음으로 혀를 구더기에 대었듯이 개와 내가 둘이 아니라는 생각이 들 때, 아니 그런 사유 이전에 상대와 내가 둘이 아니라는 마음으로 사물을 대할 때 부처가 된다는 것을 말이다.

수행자의 삶도 중생의 삶과 동체대비가 될 때 부처님을 만날 수 있으며, 내가 부처가 되는 것이다. 그런데 그게 생각처럼 어디 쉬운 일이더냐. 그걸 실행하기 위해서 우린 수행을 하는 것이다. 저 옛날 부처님과 조사 스님들께서 수많은 생을 수행정진에 바쳤던 뜻이 거기에 있지 않겠느냐. 성철 큰스님께

서 8년 간 장좌불와를 하시며 오로지 화두 하나에 몰입하셨던
이유도 거기에 있지 않았겠느냐.

나는 죽는 날까지 정진하고 싶다. 좌복 위에서 죽는 수행자
가 되고 싶구나."

시자는 한 생을 큰 걸음으로 잘 걸어온 노수행자의 뒷모습
을 바라보았다. 동체대비를 깨달은 무착 스님의 뒷모습이 천
년 여의 세월을 뛰어 넘어 거기 있었다.

하산

전심전력한 정진 때문이었을까, 상무주암에 머문 지 일 년
이 다 되어갈 무렵 인홍 스님은 많이 쇠약해져 있었다. 해발 1
천 미터가 넘는 상무주암은 한여름에도 서늘할 만큼 냉기가
도는 곳이었다.

지리산의 날씨는 너무 추웠고, 먹는 것 또한 부실했으니 그
럴 수밖에 없었다. 아침엔 묽게 쑨 죽 한 그릇, 점심엔 간단한
공양 한 그릇, 그리고 오후엔 음식을 입에 대지 않는 오후불식
(午後不食)을 했으니, 떠나오기 전까지 매년 섣달 그믐날이면

대중들과 함께 삼천 배를 거르지 않았던 건강도 이겨내지를 못한 것이다.

시자의 기별을 받고 석남사에서 법희 스님과 법용 스님이 올라왔다.

"스님, 이렇게 쇠약해진 몸으로 더 정진하실 수 없습니다. 그만 내려가십시다."

두 상좌가 그리도 간곡하게 말했으나 스님은 고개를 내저었다.

"무슨 소리냐? 공부를 해 마치지도 못했는데, 내려가야 하다니. 여기서 죽겠다."

난감해하는 상좌들에게 스님은 '깨치기 전에는 내려가지 않겠다!' 하고 버티었다. 상좌들은 애간장이 탈 일이었으나 스님은 고집을 꺾지 않았다. 이제 언제 다시 올지 모르는 이 훌륭한 조도(助道) 도량을 이렇게 내려갈 수는 없는 일이었다.

그러나 인홍 스님은 좌복 위에서 오래 버티지를 못했다. 끝내는 마을에서 올라온 사람의 등에 업혀 지리산을 내려오고 말았다.

인홍 스님은 피눈물을 흘리면서 산을 내려왔다. 내려와 병원에서 진찰을 해보니 신우신장염이라고 했다. 입원 치료

를 받으면서도 스님은 상무주암에서의 하산을 몹시 안타까
워했다.

그러나, 인홍 스님은 석남사에 와서 다시 몸을 추슬러 선방
에 앉았다. 대중들과 함께 입선(入禪)했던 것이다. 그리고 다음
해 지리산 대원사 하안거에 방부를 들였다. 대중에 방부를 들
이고 공부를 한 것은 그것이 마지막이었다. 일흔넷의 나이일
때까지 대중에 방부를 들이고 철저히 수행 정진에 혼신을 다
한 수행자였다.

"시자의 연락을 받고 법희 스님과 내가 상무주암에 올라가
보니 스님께선 너무 편찮으셔서 지대방에 누워 계셨다. 병원
에 가시자고 하니까, '나는 여기서 안 나간다. 공부를 해 마쳐
야 가지 죽어도 못 간다.'고 하시면서 눈물까지 내비치셨다.
그렇게 완강하게 버티셨으나 우리는 스님의 몸 상태가 좋지
않아서 걱정이 태산이었다. 나중엔 너무 고통스러워하시는 모
습이 마치 돌아가시게 생겨서 반 강제로 모시고 내려오기로
결정했다. 우리 힘으론 모시고 내려올 수 없어 마을 사람을 불
렀다. 스님께서는 그 편찮은 중에도 얼마나 아쉬워하고 후회
를 하시는지 '이 기회를 놓친 게 정말 안타깝다.'라고 하셨다.

병을 치료하고 나서 다시 지리산 대원사로 정진을 떠나셨는데, 아마 스님께서 몸만 건강하셨다면 돌아가시는 날까지 선방을 다니셨을 것이다."

하산을 완강하게 거절하는 스승을 떠메다시피 하여 산을 내려왔던 법용 스님의 회고다.

귀향

가지산 호랑이의 적멸

1994년 칠월 칠석 날.

인홍 스님이 여든일곱이 되던 날, 스님의 출가 이후 상좌들이 처음으로 다 모였다.

'수행자가 따로 생일이 어디 있는가. 수행자는 그날그날이 태어난 날이니, 매일 매시 생일 아닌 날이 어디 있는가.'

그렇게 말하면서 인홍 스님은 자신의 생일을 챙기는 것을 마치 비상처럼 여기고 나무랐기 때문에 상좌들은 한 번도 스승의 생신을 챙기지 못했다.

그러나 그 날은 가까이서 혹은 멀리서 온 상좌들 앞에서 묵묵했다. 모두 한 번쯤 보고 싶은 얼굴이었는지 아니면 꾸중을 내릴 만큼 기력이 없음인지 자신 앞에서 생신 표시로 케이크를 잘라도 조용히 바라보기만 했다.

인홍 스님은 자신이 아껴온 상좌들에게 말했다.

"수행자는 신심이 있어야 한다.

부지런해야 한다.

인내해야 한다.

노력해야 한다.

일체중생의 사표가 되어야 한다."

평생 후학들에게 일러온 법문이었다. 제자들은 가슴에 절절히 울려오는 법문을 들으면서 출가의 깊은 강물을 건너온 스승을 바라보았다. 수천 개의 강물을 품고 있는 바다처럼 포용력이 깊고 넓은 스승이었다.

인홍 스님이 이어 말했다.

"고인의 말씀에 '가슴 속에 만 권의 책이 있어야 그것이 흘러 넘쳐서 그림과 글씨가 된다.'고 했다. 세속의 공부도 그러할진대 목숨을 내놓고 떠나온 도의 길에선 어떠하겠느냐. 사람 노릇 포기하고 한 생애를 온전히 공부에 바치지 않으면 결코 이 공부는 성취될 수 없다. 출가의 길에 들어서서 공부에 성취가 없다면 수행자 된 보람도 긍지도 없는 것, 죽은 목숨이나 다름없다. 계행을 생명으로 삼고 뼈를 깎는 노력으로 정법대로 열심히 정진해라."

한 자리에서 듣는 마지막 법문을 상좌들은 조용히 듣고 있었다.

헤아릴 수 없을 만큼 수 없는 생을 닦아왔을 스승이었다. 법당과 허공을 가득 메웠던 깊고 깊은 축원소리, 도량 구석구석 다니면서 큰소리로 경책하던 호랑이 같은 모습, 잘못하는 일이 있으면 영락없이 내리치던 몽둥이세례, 정진 중 졸음에 잠겨있던 대중에게 어김없이 내리쳤던 장군죽비, 새벽예불 불참 대중에게 내려졌던 양동이 물세례를 어찌 잊을 수 있겠는가.

법당 지붕 위에 올라가 손수 기와를 이었던 수행자, 외출하고 돌아와 아무리 늦은 시간에도 선방에 들어와 앉아 일어날 줄 몰랐던 수행자였다. 나이 일흔두 살에 모든 것을 내려놓고 지리산 선방으로 떠났던 수행자였다.

그 경책, 그 보살핌, 그 헌신, 그 철저한 수행정진을 어찌 잊을 수 있겠는가.

1994년 8월, 석남사 대웅전 삼층석탑 앞. 인홍 스님의 여든일곱 번째 생일에 제자들이 모두 모였다.

341

구순이 가까워오는 연세에도 스승의 일과는 어떠했던가.

인홍 스님의 일과는 언제, 어디서나 변함이 없었다. 아침 세 시면 일어나서 가사 장삼을 수하고 예불을 드리고 〈능엄주〉를 외우는 것으로 하루를 열었다. 석남사 선방 대중과 똑같이 생활했던 스님은 홀로 죽비치고 앉아서 입선하곤 했다.

'수행자가 화두 말고는 할 게 있는가? 죽을 때도 화두를 들고 가야 한다.'

그것은 인홍 스님이 한평생 견지했던 철학이요 신념이었다.

별당에 머물면서 스님은 여든이 넘어 아흔이 가까워 올 때까지 새벽예불에 불참하는 일은 결코 없었다. 저녁예불 후엔 팔순이 넘고서도 한참이나 108배를 했다. 다리를 다쳐서 자유롭게 출입을 못하게 되었을 때도 반드시 가사 장삼을 수하고 앉아 대종이 끝나면 시자들과 예불을 드렸다.

언제나 입선시간을 지키려고 애를 썼으니, 수술을 하고 돌아와 몸이 불편하면서도 시자에게 '예불시간이 되지 않았느냐.', '대중 공양시간이 되지 않았느냐.'고 물었다. 어떠한 경우에도 시간을 철저히 지키면서 단 한 번도 흐트러짐이 없던 수행자였다. 누워서 쉬는 스님을 본 대중은 한 사람도 없었다.

용맹정진 때는 여전히 장군죽비를 들어 호랑이처럼 경책했고, 칠십이 넘어서까지도 매년 그믐날 행하는 삼천 배 정진을 대중과 함께 했으니, '누워서 편안할 때 지옥고를 받는 중생을 생각하라.'는 자신의 좌우명을 평생 실천했던 수행자였다.

정진을 열심히 하는 수행자를 제일로 여기고 결제하러 오는 모든 납자들에게도 아낌없이 경책해서 여러 대중들로부터 존경과 덕망을 잃지 않았다.

평생 동안 사중(寺中)의 볼일 이외에는 한 번도 개인적인 일로 바깥출입을 하지 않았으며, '수행자가 공부하는 일 말고는 무슨 볼 일이 있느냐.' 면서 대중의 무단외출을 허락하지 않았다.

검소하기 이를 데 없었으니 물자를 아끼는 것은 말할 것도 없고, 자신의 찬상에 대중 반찬 이외에 한 가지라도 더 오르면 혼쭐을 냈으니, 먹는 것 하나라도 대중과 동일하지 않으면 법답지 못한 일이라는 원칙을 철저히 지킨 것이었다.

그러므로 석남사 대중은 언제나 일거수일투족 언행에 긴장하고 조심하지 않을 수 없었다. 끝까지 스승으로서 의무와 자비를 실천하면서 온 몸으로 깨어있던 수행자였다.

인홍 스님은 여든일곱 번째 생일 이후 그 다음 생일은 상좌들과 함께 하지 못했다. 삼 년 후인 1997년 음력 3월 8일에 조용히 적멸에 들었던 것이다.

불교학자 장휘옥(전 동국대 사회교육원 교수, 오곡도명상수련원장)은 일반인에게도 수행을 강조했던 인홍 스님을 이렇게 돌아보았다.

"스님께서 돌아가시기 한 해 전쯤이었을 것이다. 스님의 모습은 어린아이의 얼굴과 하나가 되어 있었다. 옛날 호령하던, 그 기운과 패기가 들어있던 얼굴은 온데 간데 없으셨다. 목소리조차 무서워서 곁에 가기도 두려웠던, 젊으셨을 때 터져 나오던 남상(男相) 같은 얼굴은 보이지 않았다.

묵언정진하실 때, 나의 어머니와 옥류동으로 올라가 필담을 주고받으시던 젊었을 적의 모습은 없었다. 깨끗한 노인의 모습 뒤엔 어린아이와 같은 모습만이 있었다. 수행이 잘 되어서 정말 대자연과 하나 된 모습이었다. '어쩌면 저렇게 변할 수가 있나, 사람이 수행을 하면 저렇게 변하는구나.' 하는 전율이 왔다.

스님은, 부모님을 따라 고등학생일 때부터 석남사에 드나들던 내게 여러 번 출가를 권하셨다. 전공(화학)을 버리고 동국대학교 불교학과에 편입해서 다시 대학을 다닐 때도, 일본의 동경대학으로 유학을 떠날 때도 '분별을 일삼는 공부를 왜 하는 가. 출가해서 참선해라.' 하고 권유하셨다.

동경대학에서 화엄학을 공부하고 있을 때 스님의 편지를 받 았다. 칠십이 넘으신 스님의 떨리는 글씨체를 보는 순간 울고 말았다. 짧지만 간곡했던, '옥아, 공부 마치고 나오면 정말로 수행해야 한다.' 라는 스님의 편지는 유학하는 내내, 그리고 지 금도 눈물로 남아 있다.

'정말로 수행해야 한다.' 는 스님의 말씀은 백 번 옳았다. 박 사학위를 받고 유학에서 돌아왔을 때도 출가를 권유하셨는데, 우매해서 그 말씀을 알아듣지 못하고 큰 후회 끝에 쉰 살이 넘 어서야 학문을 버리고 수행을 택했다."

스승이 돌아갈 때까지 평생 한 번도 곁을 떠나지 않았던 법 희 스님(석남사 선원장)은 스승의 말년을 이렇게 회고했다.

"우리 스님은 돌아가시는 날까지 계율을 철저히 지키셨던 분이다. 칠팔십 대에도 몇 차례나 수술을 하시면서 병고를 치 루셨는데, 언젠가 수술 후 아무 것도 드시지 못하고 있을 때 신도 한 사람이 전복죽을 끓여왔다. 스님께선, '죽을지언정 내가 이것을 먹어야 되겠느냐.'며 물리도록 하셨다.

스님은 또 성철 큰스님의 법문을 항상 듣고 계셨다. 스님의 책꽂이엔 큰스님의 법문집과 법문 녹음테이프가 항상 꽂혀 있었는데, 특히 〈증도가〉와 《육조단경》 등을 즐겨 들으셨다. '수행자가 참선 말고 할 것이 무엇 있느냐.'고 하시면서 화두를 놓치지 말고 살 것을 당부하셨다. 끝까지 정신이 맑으셨고, 그저 정진만을 당부하실 뿐이었다.

떠나실 무렵엔 시자에게, '이젠 가야겠다.'라는 소리를 자주 하셨다. 시자가 '노스님, 여기 집을 두시고 어디로 가시려고 합니까?' 하고 여쭈면, '아니다. 여긴 잠깐 왔을 뿐이다. 온 곳으로 돌아가야지.' 하셨다. 언제나 '독살이 하지 말고 함께 모여서 살아라, 참선하라.' 그 말씀을 강조한 스승이었다.

혼란한 시대에 때로는 대중과 함께 때로는 독행독보로 태산 같은 신심과 불굴의 의지로 이루신 스님의 삶은 비구니계의 큰 대들보로서 그리고 문도들의 냉엄한 사표로서 영원히 남을 것이다. 덕과 지혜를 함께 구비하셨던 복이 많은 수행자였다."

1997년 열반 당시, 후학양성에 대한 염원으로 석남사 도량에서 수행한 상좌와 손상좌, 증손상좌는 모두 250여 명이었으며

오늘날의 석남사 모습이다. 1957년부터 이십여 년 동안 대웅전을 비롯해서 극락전, 사리
탑, 누각, 강선당, 언양포교당, 동인암, 그리고 요사채 9동을 신축해서 오늘날 결제 때가 되
면 1백여 명의 대중스님들이 모여 정진하는 대도량이 되었다. 사진 김민숙

심검당과 정수원을 거쳐 간 운수납자는 1,500여 명에 이르렀다. 도의 국사 개산 이래 비구니로서는 가장 큰 중창불사였으며 가장 많은 후학양성이었다고 한국불교사에 기록되고 있다.

열반 후 10년, 한 수행자가 남긴 덕향

대승보살은 상구보리 하화중생(上求菩提下化衆生), 위로는 완전한 깨달음을 구하고 아래로는 중생을 교화함을 이상적 삶으로 삼는다.

한국불교 근현대의 역사 반세기를 가로 질러온 수행자요 산증인이었던 원허당(圓虛堂) 인홍(仁弘) 스님.

그 이름 그대로 위로는 허공처럼 둥글고 텅 빈 청정한 마음세계〔圓虛〕를 이루었고, 아래로는 어질고 널리 보현행원〔仁弘〕을 실천하여 중생을 교화했던 이 시대의 수행자로, 대승보살의 삶을 실천했던 선지식이었다.

수행자 이전에 한 인간으로서 생명의 근원으로 돌아가고자 한평생 쉼 없이 노력했으며, 인간의 존엄을 실현했던 한국 여성 역사의 선각자였다.

한 생을 잘 살았던 수행자의 덕향은 세월이 흘러도 사라지지 않는다.

　열반 후, 석남사 도량은 여전히 언제나 수행 정진으로 깨어 있다. 새벽예불 불참자에겐 엄한 벌을 내렸던 인홍 스님은 가고 없어도 석남사 새벽예불엔 대중 한 사람도 빠짐없이 참석해서 수행자로서의 위치를 확인하고 있으며, 새벽 예불 동안 법당 앞 삼층 사리탑 위로는 변함없이 주먹만 한 별들이 쏟아져 내리고 있다.

　공양시간엔 온 대중이 모여 발우공양을 여법하게 하는 것도 여전하며, 제방의 눈푸른 납자들이 모인 선원엔 여전히 칼날 같은 예리함과 긴장감이 감돌고 있다.

　도량 구석구석은 언제나 방금 빗질한 것처럼 잘 정돈되어 있으며 후원에선 쌀 한 톨도 개수구로 흘러나가는 것을 경계하고 있다.

　대중의 의견을 존중하고 화합하는 대중공사 또한 변함없으며 계율에서도 한 발자국 물러남이 없다.

　"정진하지 않는 자는 수행자가 아니다!"라고 가르쳤던 스승의 가르침을 받들어 1년 내내 수행 결사도량으로 존재하며 영겁불망의 삶, 부처님의 혜명(慧命)의 삶을 잇고 있는 것이다.

　인홍 스님이 열반하기 몇 년 전, 곁에서 시봉하던 한 시자가

인홍 스님 부도 전경. 열반한 지 두 해 후인 1999년에 봉안되었다.사진 김민숙

물었다.

"스님! 다음 생엔 무슨 일을 하고 싶으십니까?"

많은 제자를 길러내고 깨달음을 이루게 했던 저 이천육백 년 전의 부처님을 닮고 싶었던 것일까, 인홍 스님은 이렇게 대답했다고 한다.

"내생에는 수승하게 자라 청정비구가 되어서 도를 이루어 많은 인재를 기르고 싶다. 어린 비구든 노비구든 백 명, 천 명이 모여도 잘 자란 나무처럼 키워서 밖으로 나가면 누구든 존경심이 나서 저절로 합장할 수 있는 훌륭한 수행자로 키우고 싶다."

열반 후 10년, 이미 석남사 도량은 한 선지식의 염원이 이뤄지고 있는 듯, 잘 자란 나무들로 가득하다.

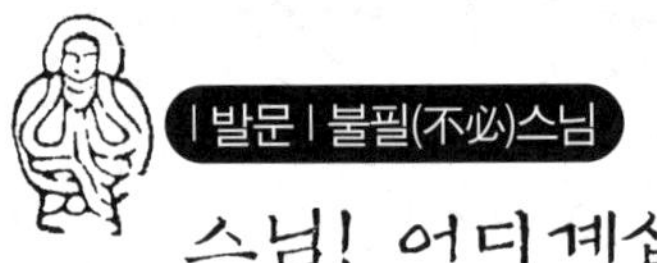

스님! 어디 계십니까?

삼세불조(三世佛祖) 가신 길을 나도 가야지.

구순생애(九旬生涯) 사바(娑婆)의 길 몽환(夢幻) 아님 없도다.

일엽편주(一葉片舟) 두둥실 떠나는 곳

공중(空中)에 둥근 달 밝을 뿐이네.

스님의 삶이 녹아있는 열반송을 남기시고 가신 지 어언 10년이 흘렀다.

나의 스승은 자신에게 누구보다 엄격했고 정진과 계율에 철저한 수행자였다.

비구니의 존재가 미미하던 시절, 비구니의 위상을 세우고 출가정신을 확고히 세우기 위해 헌신을 아끼지 않으셨던 분이다.

항상 검약하셨으며 후학들의 교육을 위해서 헌신했던 무소유의 수행자였다.

유품으로는 평생 모시던 불상과 경책, 항상 목에 걸고 계시던 염주가 전부였다.

차를 드실 때 즐겨 쓰던 스님의 찻잔에서 스승의 모습을 그려본다.

떠나신 지금, 스님의 모습은 종이 위에 그려진 사진뿐이다.

"열심히 정진해서 가지산 호랑이는 되어야 하지 않겠는가?"

서릿발처럼 냉엄했던 그 경책과 기상이 그립다.

돌아가시는 마지막 순간까지 대중에게 흐트러진 모습을 보이시지 않았던 스승이다.

모든 상이 다 떨어져 어린아이처럼 천진난만하고 온화한 모습이었다.

'대중과 화합해서 석남사를 잘 지키라.'고 하시던 스님의 유지가 귓전에 스친다.

스님의 유지를 받들어 석남사 대중들은 영원한 가지산의 주인으로 화합하고 정진해나갈 것이다.

　온 산천이 생기를 머금고 연초록 잎새로 가지산의 봄소식을 전해주는 계절에 스님의 삶이 고스란히 담긴 일대기를 내게 되었다.
　뵙고 싶다.

　"스님! 어디 계십니까?"

　　　　　불기 2551년 봄, 심검당에서 불필 삼가 올림.

1908년(1세)   경상북도 영일군 대송면 동촌리 901번지에서 아버지 이
                종순(李種淳) 님, 어머니 하수이(河水伊) 님의 삼남이녀
                중 차녀로 출생.

1941년(34세)   오대산 월정사 지장암으로 출가. 정자(淨慈) 스님을 은사
                로 수계득도.

1942년(35세)   오대산 상원사에서 한암(漢巖) 스님을 계사로 사미니계
                수지.
                월정사 지장암에서 하안거.

1943년(36세)   강원도 강릉 포교당에서 일운(一雲) 스님을 계사로 보살
                계를 수지.

1945년(38세)   서울 안국동 선학원에서 동산(東山) 스님을 계사로 비구
                니계 수지.
                충남 예산 덕숭산 정혜사에서 하안거.

1946년(39세)   덕숭산 정혜사에서 하안거

1947년(40세)   오대산 월정사 지장암에서 동안거, 하안거.
 ~1948년(41세)

1949년(42세)　부산 월내 묘관음사에서 동안거.

평생 법사로 모신 성철 스님을 처음 친견하여 삼분단(三
分段) 법문을 듣고 수행의 전기를 맞음.

1950년(43세)　경북 문경 대승사 윤필암에서 정진.

1951년(44세)　경남 창원 성주사 선원장 취임. 정법수호의 회상을 열어
40여 명의 대중과 함께 대중결사를 시도함. 성철 스님을
비롯한 청담·자운 스님 등이 주동하여 실시한 봉암사
결사를 그대로 실현한 결사였음.

1952년(45세)　경북 양산군 하북면 천성산에 있는 조계암에서 하안거.
월정사 서대(西臺)에서 동안거.

1953년(46세)　태백산 정암사에서 하안거

1954년(47세)　경북 봉화군 소천면 홍제사 주지 취임.
대한불교조계종 종단 정화에 참여함.
11월 제2회 임시종회에서 비구니 종회의원으로 선출됨.

1955년(48세)　대구 동화사 초대 비구니 총림 설립 준비위원회 총무로
임명됨.

1956년(49세)　대한불교조계종 중앙종회 의원을 역임한 이래, 1966년
　~1966년　11월 중앙종회 의원을 사임하기까지 정화운동과 종단
일에 참여함.

1957년(50세)　경북 울주군 상북면 덕현리 석남사 주지 취임.
1976년 주지직을 사임할 때까지 20여 년 동안 대웅전을 비
롯해서 극락전, 사리탑, 정수원, 누각, 강선당, 언양포교당,

동인암 그리고 요사채 9동을 신축함.

1962년(55세) 석남사 신도들이 주축이 되어 선림회(禪林會)를 결성해
서 8,942평의 논을 매입함.

1963년(56세) 선원 심검당(尋劍堂) 개원.

1965년(58세) 성철 스님이 김용사에서 《육조단경》, 《금강경》, 〈중도
가〉 및 중도이론을 대중들에게 최초로 설법했을 때 김용
사 양진암에 머물면서 설법을 들음.

1967년(60세) 해인사 홍제암에 머물면서 성철 스님의 백일법문을
들음.

1968년(61세) 석남사 최초 3년 결사 시작하여 1971년에 성만함.
~1971년 대한불교비구니 우담바라회 재단이사장 취임.

1971년(64세) 쌍계사 칠불암 선원에서 하안거.

1973년(66세) 석남사 삼층 사리탑 건립.

1979년(72세) 지리산 상무주암에서 동안거.

1980년(73세) 지리산 상무주암에서 하안거.

1981년(74세) 지리산 대원사에서 하안거.

1986년(79세) 대한불교조계종 단일계단 비구니 별소계단 전계화상으
로 주대됨.

1987년(80세) 한국 비구니 승가의 상징적 존재인 전국비구니회 총재
로 추대됨.

1990년(83세)   석남사 심검당에서 3년 결사.

1997년(90세)   음력 3월 8일 석남사 별당에서 입적.

삼세불조(三世佛祖) 가신 길을 나도 가야지.

구순생애(九旬生涯) 사바(娑婆)의 길 몽환(夢幻) 아님 없도다.

일엽편주(一葉片舟) 두둥실 떠나는 곳

공중(空中)에 둥근 달 밝을 뿐이네.

－열반송－

1997년   양력 4월 18일 영결식 및 다비식 봉행.

1999년   석남사에 부도 봉안.

2007년   4월, 인홍 스님 일대기《길 찾아 길 떠나다》출간.

청산은 원래 동함이 없고 백운은 스스로 오고 가기도 하거니와 형극림 중에 하각하고 간과 총리에 장신이라 금일 노두는 과연 어느 곳이오니까? 흰 구름 끊어진 곳에 청산이 나타나고 가는 이는 다시 청산 밖에 계시나이다.

인홍 노스님께서는 지금으로부터 89년 전인 1908년 무신년 7월 7일 칠석날, 경북 영일군 대송면 동촌리에서 탄생하셨습니다. 부친은 월성 이씨 종순이시고, 모친은 진양 하씨 수이이셨습니다. 어머님의 태몽에 장군이 백마를 타고 나타나더니, 과연 세상에 여장부가 출현한 것입니다. 어릴 적에는 전쟁놀이를 즐기더니, 언제나 인생무상을 통감하고 자주 추연한 비감에 젖고는 하였습니다.

1941년 9월 먼지 같은 인간세상 만사를 훌훌 털어버리고, 드디어 출가입산의 길을 간택하여 발족 초방하셨던 것입니다. 처음 해인사를 거쳐 선지식과 무연함을 한탄하고, 점점 북방으로 올라가 강원도 오대산에 세존진신탑묘 적멸보궁을 참배하고 상원사에 한

암 대종사를 친근하니 비로소 가슴이 확 트이는 진리의 법문에 젖
어들게 되었습니다.

세간에 영화롭고 욕되는 일들
알고 보니 거품이요, 몽환이로다.
오늘날 법문 듣고 모두 잊으니,
천지가 내 것이요, 광명뿐일세.

바로 지장암에 내려가 대비구니 정자 노스님을 은사로 삭발염
의하고, 한암 조실 큰스님을 모시고 득도 수계하였습니다. 1943년
강릉 포교당에서 금강산 유점사에서 오신 일운(一雲)율사에게 천
불의 보살대계를 수지하고, 바로 금강산 신계사 법기암에 들어가
선옹사이신 공 노스님을 친견하고, 바야흐로 참선정진에 들기 시
작하였습니다.

1945년 서울에 나와 안국동 선학원에 동산 율사에게 비구니 구
족계를 수지하고 수덕사에 내려가 만공 큰스님 회상에서 안거 정
진하였습니다. 1947년 다시 오대산에 들어가 한암 큰스님을 모시
고 정진하더니, 1950년 6.25동란이 발발함에 큰스님의 "청산묵묵
(靑山默默), 좌단생사(坐團生死)"라는 법문을 가슴에 새기며, 피난

길로 하산하였습니다.

　어느 날 꿈속에 큰 구두를 얻어 신고 천지를 활보 자재하였더니, 사불산 대승사, 희양산 봉암사 등지에서 자운·성철·향곡·보문 등 선지식을 만나 재발심하고 월내 묘관음사에서 정진하던 중 일생일대에 견고 용맹의 대결정력을 얻게 되었습니다.

　해동에 천고의 밝은 달은
　강남의 만 리 천을 비추고 있네.
　저 맑은 달빛은 본래 피차가 없는 것을
　참선자는 분별 망상 떠나는 길 뿐!
　강풍은 만고에 불고 있고,
　명월은 천추에 변함이 없네.
　만고천추에 주인공이여,
　명월과 강풍 너 밖에 누고?

　1945년 태백산 홍제사 고찰에 주석하니, 청풍납자들이 구름처럼 모여들어 일대 회상을 이루었습니다. 1945년 불교정화 끝에는 대구 동화사에 전국 비구니 총림 시설을 시도했었고, 대한불교조계종 중앙종회 의원을 역임하였습니다.

　　1957년 본 언양 석남사 주지에 정식 취임하여 사회대중을 이끌고 들어오니, 가람을 보수하며 선원 강원을 개설하고, 안거정진에 전력하는 한편, 신행단체로 재가 선림회를 조직하여, 그 힘으로 선량 답 8,942평을 매입하여 상주물로 삼았습니다.

　　스님께서는 1976년까지 20년간 대웅전 큰 법당을 비롯해 극락전을 중건하고, 정수원 선원, 심검당 선원을 신건했으며, 청화당, 향적당, 후원, 요사 등 9개 건물을 보수하고 침계루, 종루와 일주문을 신축하는 등 사중 전체 당탑가람을 중창하였으며, 정중에 삼층 대탑을 보수 건립하여 진신사리를 봉안하니, 공전의 대작불사로 도량의 면목이 휘황 쇄신할 새, 그리하여 가지산 석남사의 중창주로 별칭하게 되었습니다. 대한불교조계종 종정 예하께서는 수차에 걸쳐 공로 표창장을 하사하기도 하셨습니다.

　　1977년 가람 불사를 마치고는 다시 본분으로 돌아가 칠불암, 도성암, 상무주암, 대원사 등 선원에 주유하시며 안거 정진에 들었고, 1986년에는 대한불교조계종 단일계단 비구니 별소계단 전계화상으로 추대되어 전계불사에 참예하였습니다.

　　1987년에는 대한불교 전국비구니회 총재로 추대되어 전 비구니계에 비구니 승가의 상징적 존재로 모셔지게 되었습니다. 1990년 선원에 젊은 대중의 정진을 조도키 위해 팔십 고령에도 불구하시고 삼년 결사 정진으로 노익장을 과시하며 근행 정진하여 언제나 환희 선열락을 보이셨습니다. 1997년 4월 14일 미질을 보이시며 자주 와선삼매에 드시더니,

삼세불조(三世佛祖) 가신 길을 나도 가야지.

구순생애(九旬生涯) 사바의 길, 몽환(夢幻) 아님 없도다.

일엽편주(一葉片舟)처럼 두둥실 떠나가는 곳

공중(空中)에 둥근 달 밝을 뿐이네.

하시고, 편안히 입적하시니 세수는 구십이요, 승랍은 56년이 되십니다.

스님은 一千九百八年 戊申 七月 七日 慶北 迎日郡 大松面 東村里에서 父親은 月城李公 種淳 慈母는 晉陽河氏 水伊의 三男二女 中 二女로 태어나시니 兒名은 貴童이다. 母親께서 甲옷 입은 將軍이 白馬를 타고 房으로 들어오는 胎夢을 꾸었다고 한다.

어릴 때 勇氣와 聰明이 남달라서 祖父께서 늘 男子로 태어나지 못한 것을 아쉬워했다고 한다. 스님은 出家 前 일을 一切 말하지 않으시니 仔細히는 알 수 없지만 傳統있는 裕福한 家庭에서 新學問도 넉넉히 배웠다고 斟酌된다.

늘 淨業을 좋아하고 世緣에 愛着이 없던 스님은 一九四一年 九월 三十四歲 때 五臺山 月精寺 地藏庵에 들어가 淨慈 스님을 恩師로 入山하여 다음해 上院寺 漢巖禪師에게 沙彌尼戒를 받고 三十八歲 때 서울 禪學院에서 東山和尙을 傳戒師로 比丘尼 具足戒를 받았다.

그 後 定慧寺 滿空 스님 會上을 비롯하여 諸方禪院에서 廢寢忘

餐하고 勇猛精進하던 中 一九四九年 四十二歲 때 月內 妙觀音寺에서 知見이 열렸으나 性徹 스님의 法門을 듣고 銀山鐵壁이 앞을 가로막아 한 걸음도 나아갈 수 없었다.

그때 다시 大勇猛 大信心을 일으키니 平生 동안 不退轉의 精進으로 一貫하였다. 四十四歲 때 昌原 聖住寺에서 禪院長으로 衲子들을 보살폈고 四十七歲 때 太白山 弘濟寺 住持로 後學을 이끄시다가 宗團淨化에 比丘尼 代表로 參席하여 爲法忘軀의 信心으로 大佛事를 成就하셨다.

그 해 比丘尼 叢林을 만들기 爲해서 八公山 桐華寺 總務를 맡았으며 四十九歲 때에는 中央宗會 議員을 거쳐 一九五七年 五十歲 때 꿈에 큰 소금山을 본 뒤 後學들의 勸誘로 石南寺 住持에 就任하고 보니 石南寺 뒤 迦智山이 바로 꿈에 본 山이었다. 그 後 몇 번이나 乞綱지고 떠나고자 했지만 慈雲 스님께서 늘 挽留하셨다고 한다. 스님은 이 道場에서 叢林의 願을 이루시니 많은 碧眼衲子가 모여 熱心히 수행하였고 아홉棟이나 되는 큰 建物을 重建重修하고 八千九百四十二坪의 田畓을 마련하니 스님께서 就任한 지 二十餘年만에 荒廢했던 道場이 번듯한 大伽藍이 되었다.

언제나 모든 일을 精進爲主로 하는 스님은 아무리 어렵고 힘든 일도 工夫에 妨害가 되지 않았다. 宗團과 本寺는 네 차례에 걸쳐

스님의 크신 功勞를 表彰하였다. 一九七六年 六十九歲 때 住持職
을 後學에게 물려주고 七十九歲 때에는 曹溪宗 單一戒壇 第七回
比丘尼 傳戒和尙으로 僧風을 刷新하고 八十歲 때에는 全國 比丘
尼 總裁로 推戴되셨다. 그後 다시 雲水衲子로 諸方禪院에서 勇猛
精進하시니 八十이 넘은 老衰한 몸으로 나무하고 밭 일구며 理事
無二의 境地에서 工夫하셨다.

　다시 石南寺에 돌아오시어 結社 때마다 꼭 大衆과 함께 精進하
시더니 차츰 疲勞를 자주 느끼시면서 눕는 時間이 많아졌다. 一九
九七年 이른 봄 法臘 五十五歲 世壽 九十歲로 조용히 入寂하시니
永겁의 時間이 一時에 멈춘 듯하였다.

　스님의 逸話 몇 가지를 紹介하면 月內 妙觀音寺 冬安居 때 性徹
스님께서 스님을 蓮池에 밀어 넣었는데 젖은 누비옷이 다 마르도
록 마당에서 精進하였고 四十三歲 六二五 動亂 때 精進途中 聞慶
鳳巖寺에서 共匪가 亂入했지만 慈悲로서 懷柔하여 無事히 돌려보
냈다.

　石南寺 住持 在任 때에는 蔚密線車길이 法堂 뒤를 通過하게 되
자 大衆과 함께 願力으로 막아내셨으며 五十七歲 때에는 갑자기
膵臟이 곪는 病으로 死境에 이르러 病院에 入院하였으나 回生이

不可能하여 모든 大衆이 三七日間 不撤晝夜 間斷없는 勇猛祈禱로 手術을 成功裡에 끝내고 씻은 듯이 完快되었는데 스님의 꿈에 文殊 普賢 觀音 勢至 四大 菩薩任이 오셔서 배를 어루만져 주셨다고 한다.

어느 날 尋劍堂에서 坐禪하던 중 새가 날아와서 琉璃窓에 부딪혀 떨어지는 것을 보고 淸心丸을 물에 타서 먹였으나 살아나지 못하자 精誠껏 薦度해주었다고 한다. 恒常 戒律로써 스승을 삼으니 물에 비친 달같이 깨끗하시고 늘 禪定을 여의지 않으니 푸른 산에 흰 구름처럼 한가하셨지만 大衆을 이끄실 때는 봄비 같은 慈悲와 서리 같은 威嚴으로 賞善罰惡이 分明하여 不平없이 一絲不亂하게 스님의 指導에 따랐다.

모든 힘든 일도 大衆과 함께 運役으로 鮮決하니 크고 작은 土木 工事가 있을 때마다 專門人이 아니라도 할 수 있는 일들은 거뜬히 해내셨고 모든 農産物도 外部에서 사들이지 않고 넉넉하게 自給自足하였다.

一年 三百六十日이 일과 工夫가 둘이 아닌 百丈和尙의 一日不作 一日不食 精神의 實踐이었다. 一切 衣食住를 大衆과 함께 하시니 戒받은 順序에 따라 座次는 分明하지만 그 外에 生活은 平等하

였고 찾아오는 信徒에게도 朝夕禮佛과 祈禱精進에 꼭 參席하게
함으로써 절이 便히 쉬어 가는 곳이 아님을 일깨워주셨다.

스님은 참다운 修行人으로 大衆의 어른으로 宗團의 師表로서
스님을 아는 모든 사람들의 가슴속에 永遠히 살아 계실 것이다.

尼門棟樑이여 圓虛仁弘이라 捨緣入山하니
探玄爲宗이라 初見重遠하고 後參退翁이라

爲道忘軀하고 臨事至公이라 毘尼如雪하고
威儀從客이라 受用無私하야 與衆同居라

同助淨化하여 確立秩序하고 廣作佛事하야
回向眞如라 放下甁鉢하고 安然而逝하니
鐘沈鼓寂에 月穿潭底로다

스님의 弟子들과 因緣있는 後學들이 스님의 거룩한 生涯를 後
世에 傳하여 火宅에 甘露를 삼고저 塔을 뫼시고 碑를 세우면서 서
투른 글로 精誠을 다해서 스님께 供養 올립니다.

佛紀 二五四三年 己卯 三月 八日

門衆代表 경순 撰

은제자　妙瓊　眞觀　鐵馬　妙英　正華　炫默　法希　百拙　法涌　不必　道門
　　　　圓光　法常　法雲　三印　道淵　玄旭　正心　明薰　道旭　正覺　玄學
　　　　玄智　正機　無盡　大法　修德

손제자　玄覺　慧根　慧貞　明宗　在毫　英雨　書慧　玄珠　戒昊　尙倫　堯旭
　　　　淨皓　聖仁　斗珍　正門　法輪　法海　道喜　成眞　孝性　覺性　志昊
　　　　海圓　無碍　旨秀　慧珍　應讚　應善　善意　法印　正見　明達　玄賓
　　　　大智　八中　法日　眞覺　佑觀　靈雲　永皓　明智　一道　正圓　一中
　　　　一山　石牛　空海　千聖　瑞仙　眞法　無用　法安　道憲　明覺　玄關
　　　　玄珊　明觀　明德　正慧　正受　一空　元山　一葉　一雅　九曜　一覺
　　　　空印　淸江　千眼　中信　智牛　眞修　瑞霞　法悅　玄明　道觀　玄昭
　　　　八藏　淨慧　空超　千輪　千眼　玄空　大成　玄贊　一超　一實　九相
　　　　一玄　淨一　一頓　一笑　石馬　空阿　千雨　千輪　中實　中守　智山
　　　　眞源　道隆　道炫　道明　明照　大安　大日　大圓　大珠　元旭　眞宗
　　　　一句　一太　一慶　一玉　千鏡　瑛瑾　禪虎　千光　智光　六淸　中安

中定　禪定　無念　三峯　明珍　明悟　八功　淨滿　一源　石燈　空智
千然　中觀　中本　中峯　智象　眞空　眞鑑　禪潭　瑞潭　有康　慧本
慧準　阿俊　道琳　普賢　大機　九果　一大　尙彦　法廣　道垣　麗靜
道瑄　一定　八敬　玄眞　正悟　大淵　千船　正觀　正林　中因　大泯
一乘　大準　道秀　道覺　明禪　一禪　性慧　石鯨　眞徹　眞樂　眞性
瑞光

증손제자　大月　大侖　空圓　千珠　道淨　宗燦　一河　空性　瑞海　允珍　一法
明秀　一寧　一目　千峯　瑞元　志性　成門　耆石　性照　普圓　法完
法雨　甘露　成範　空谷　千手　精晧　千照　瑞太　明燦　浩仙　慈友
志岸　孝宗　無現　有原　有眞　慧首　修源　東薰　宗安　尙昊　友談
度遇　道昇　中道　智潭　中元　禪炫　禪陀　無爲　有悍　修休　東彦
東裕　阿道　阿眞　德元　德印　歡喜　瑞常　中禪　智嚴　禪寂　有信
有中　普願　東園　曉新　一慧　六行　中密　中天　中際　中阿　眞默
智旭　智空　玄光　玄釋　玄峯　眞虎　禪瑜　禪海　瑞鏡　瑞潭　瑞林
三光　三玄　無門　無印　無周　無俊　維磨　有贊　唯一　慧迦　修燈
修汎　受印　東俊　東元　曉敬　阿山　阿傳　阿圓　阿玄　宗禪　宗元
宗煜　中華　中定　中有　智玄　慧重　東照　慧江　千海　佛緣　修玄
性珠　性蓮　同安　同準　阿榮　阿正　玄康